区块链思维

方丽菲　刘桂英◎著

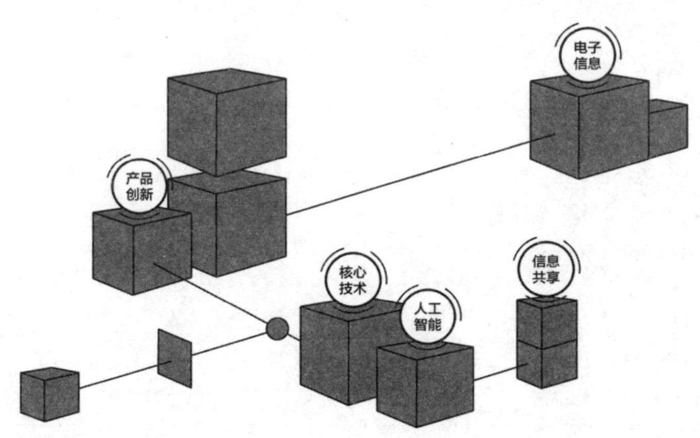

中华工商联合出版社

图书在版编目（CIP）数据

区块链思维 / 方丽菲，刘桂英著．—北京：中华工商联合出版社，2019.10

ISBN 978-7-5158-2580-9

Ⅰ.①区… Ⅱ.①方… ②刘… Ⅲ.①电子商务－支付方式－研究 Ⅳ.① F713.361.3

中国版本图书馆CIP数据核字（2019）第 206563 号

区块链思维

作　　者：方丽菲　刘桂英
责任编辑：胡小英
封面设计：王玉美
责任审读：李　征
责任印制：迈致红
出版发行：中华工商联合出版社有限责任公司
印　　刷：三河市九洲财鑫印刷有限公司
版　　次：2020 年 2 月第 1 版
印　　次：2020 年 2 月第 1 次印刷
开　　本：710mm × 1000mm　1/16
字　　数：173 千字
印　　张：14
书　　号：ISBN 978-7-5158-2580-9
定　　价：42.00 元

服务热线：010-58301130
销售热线：010-58302813
地址邮编：北京市西城区西环广场 A 座 19-20 层，100044
http: //www. chgslcbs. cn
E-mail: cicap1202@sina.com（营销中心）
E-mail: gslzbs@sina.com（总编室）

CONTENTS 前 言

如果票选21世纪最受追捧的技术，那么区块链技术绝对榜上有名。

区块链技术是由P2P网络、加密技术、数据库技术、时间戳等多个计算机科学技术综合应用的产物，所以可以说是一种通用性技术。区块链除了应用于金融应用场景中，在非金融领域中的应用也大放异彩。

区块链被认为是互联网发展的3.0阶段，解决了互联网1.0、互联网2.0阶段存在的“低成本信任传递”的问题。区块链技术在各领域的应用场景十分丰富，也由此给各领域带来了巨大变革。

任何技术都是在不断迭代和更新中前进并逐渐完善的，同时给人类社会带来的影响也会越来越大。区块链技术作为一种创新性技术，虽然不像人们所“神话”的那样无所不能，但其在各领域中的应用所产生的巨大变革是有目共睹的。

互联网思维是从互联网衍生出来的，可以理解为是一种优秀的商业思维，而区块链思维承接了区块链技术的所有特点和优势，即依托于区块链，利用分布式数据存储、点对点传输、共识机制、加密算法等技术，具备去中心化、开放性、自治性、不可篡改、匿名性等特点，也因此重构了商业模式，并具备了逻辑思维：分布式思维，即用去中心化的特点弥补了

“中心化”在应用过程中可能出现的信任问题；共识思维，即遵从共识，降低信任成本；代码思维，即代码编程的协议自动执行。与此同时，区块链思维也是一种生产关系思维，即通过生产关系的变革实现生产力的重构；通证思维，即一切资产和价值都可以实现通证化和数字化；自组织思维，即自发形成一个自主管理、自主监督的组织；共赢思维，即实现产业共同体、社会共同体、人类命运共同体；社群思维，即人人都是权威，人人都可信，人人也都是见证者。这些思维又反过来将区块链技术在各领域的应用推上了一个更高阶段，更好地服务于各领域。所以，区块链思维又被称作“区块链大脑”，意即将区块链思维比喻为大脑，指挥区块链技术执行操作。

其实，区块链思维与互联网思维一样，也是从传统商业社会中延伸出来的，并且实现了原有互联网和商业不够重视或者无法落地的需求，进而形成了一套全新的商业逻辑。如果能够深入洞察到区块链思维的潜在价值，并能充分发挥区块链思维的这些潜在价值为人类社会生活、生产所用，那么区块链思维对人类社会的进步则有着巨大的推动作用。

现阶段区块链思维的应用可以对传统行业和互联网产业进行重塑，即无论是即时通信、社交网络、媒体，还是银行、电商、公共服务等，都在区块链思维的引导下被重构，一个崭新的“区块链+”应用时代正在向我们姗姗走来。

如果说谁能够率先拥抱区块链技术，谁就能够掌握市场先机，拥有最强的竞争力，成为该行业的霸主，那么谁能够率先运用区块链思维直到产业运营，谁就能在该领域成为用区块链技术驱动整个人类社会走向更加文明时代的领头羊。

本书着重从区块链的三大思维，即分布式思维、代码思维、共识思维入手，全面阐释不同思维的意义和价值，以及应用前景，从而让读者更好地了解区块链思维，知晓区块链思维如何运用，为各行业的发展注入新鲜活力，并走向新的征程。

当然，理论归理论，实践归实践，区块链思维从金融领域向非金融领域的跨界实践应用不是一朝一夕的事情。相信在未来，区块链思维将与当前的互联网思维相结合，擦出更加绚丽的火花，并被大规模应用，使区块链思维成为引导商业模式变革的主导思想和力量。

CONTENTS 目录

随着全球全面进入数字经济时代，整个社会、商业经济都被数字化，区块链就是这个数字经济时代诞生的产物。互联网思维是我们耳熟能详的一种思维模式，而当前区块链已经充分进入大众视野，并已经在各领域中形成全新的应用模式，给各领域的发展带来了全新的思路，由此而诞生了一种全新的思维模式——区块链思维。区块链本身是一种分布式数字化账本，基于这一点，使得区块链思维具有了数字化特征，可以说，区块链思维就是一张数字化世界的通行证，能够用数字化的模式解决各领域难题。

在当前区块链大火之际，区块链思维成了继互联网思维之后的又一创新性思维模式，区块链思维并不是靠凭空想象而登上历史舞台的，而是有着与当年互联网思维惊涛拍浪般的恢宏气势和无法比拟的价值而呈现在人们面前的。那么区块链思维到底是什么样的思维？区块链思维具有怎样的价值？这些问题成了人们十分关注的话题。

有人认为区块链是基于价值的下一代互联网，即价值互联网，是互联网的进化和升级后的新版本。很多人都坚信，区块链就是未来，是互联网的真实显现，是回归互联网本来意义的唯一希望。在这场区块链革命下，不但社会生产关系的变革比互联网带给我们的惊喜更加超乎我们的想象，而且分布式成为最鲜明的特点，使得最有效、最实用的价值实现了透明化，实现了点对点的传播，且每一次交易都被分布式记录、存储、验证。因此，基于这一特点，使得这种分布式思维也成为区块链思维之一。

第四章 代码化的区块链思维

如今我们所生活的世界逐渐进入一个数字化世界，而区块链技术的出现，则将我们所生活的数字化世界带到了一个全新的高度。有人认为，当前大热的区块链是一种十分神秘的技术。事实上，能够让我们所生活的世界发生如此大的巨变，正是基于支持区块链技术得以实现的密码学和代码的作用。这一点正如知识本身并不是力量，而“持续的学习和不懈的努力”才是真正的力量一样。

第五章 共识机制下的区块链思维

人与人之间交流沟通，要先有共识，才能有话题，否则会有话不投机半句多的感觉。所谓“共识”就是共同的认识，有共识思维模式的人才有共同的语言模式、行为模式。区块链中基于其核心技术之一的共识机制而形成的共识思维是以共识为基石构建的，而共识思维又是区块链思维之一，更是区块链中最重要的思维模式。

区块链技术是互联网发展的更高阶段，当前区块链时代已经近在眼前，人们在拥抱互联网思维的基础上开始拥抱区块链思维，用全新的区块链思维进行自我认知的革新，并将区块链思维应用于多元化商业场景中，以此来挖掘更多的商机。未来已来，唯有加快区块链技术和区块链思维的落地，才能与未来同行，才能走进未来。

区块链被认为是当前最有潜力的核心技术，正在一步步地改变我们生存的这个世界。由区块链演化而来的区块链思维也必将从思想上带领人们加入区块链商业大军，让区块链思维在各领域的运行和发展过程中进行商业落地。

区块链技术自2009年中本聪发明比特币诞生至今，经历了将近十年的准备期，在浩荡和起伏中一步步离我们越来越近。未来，区块链将成为一种重要的技术在各行业中发光发热，而区块链思维则成为一种全新的思维方式，成为各领域发展的“指路灯”。可以说，未来将至，“赢”在区块链思维。

第一章

区块链思维：一张数字化世界的通行证

随着全球全面进入数字经济时代，整个社会、商业经济都被数字化，区块链就是这个数字经济时代诞生的产物。互联网思维是我们耳熟能详的一种思维模式，而当前区块链已经充分进入大众视野，并已经在各领域中形成全新的应用模式，给各领域的发展带来了全新的思路，由此而诞生了一种全新的思维模式——区块链思维。区块链本身是一种分布式数字化账本，基于这一点，使得区块链思维具有了数字化特征，可以说，区块链思维就是一张数字化世界的通行证，能够用数字化的模式解决各领域难题。

不可阻挡的区块链浪潮

任何一种新技术的诞生，都会或多或少给我们所生活的时代带来一定的影响，我们只有深挖其隐藏的潜在价值，并为我们所用。

2018年，区块链成为互联网的新风口，吸引了广大的创业者和资本市场以及互联网公司的狂热追逐。由此，区块链作为一个“神秘”的事物，从横空出世到渐入佳境，从小众领域走向了大众领域。对于区块链的出现，有人认为区块链作为一种前沿技术，很可能变革整个世界；也有人对区块链抱有投机心理，希望借助区块链能够实现一夜暴富。

1.什么是区块链

那么区块链这个具有“神秘”色彩的技术究竟是什么呢？工信部给出的解释是：“广义来讲，区块链技术是利用块链式数据结构来验证与存储数据，利用分布式节点共识算法来生成和更新数据，利用密码学的方式保证传输和访问的安全，利用自动化脚本代码组成的智能合约来编程和操作数据的一种全新的分布式基础架构与计算范式。”这个解释虽然十分严谨，但让普罗大众看后一头雾水，给人一种“高冷”的感觉。简单来讲，区块链就是比特币的一种底层技术，是一种去中心化的分布式账本，具有去中心化、信息公开透明、安全可靠、追根溯源、开放共识特点的全新技术。

具体来讲：

（1）去中心化

去中心化是指区块链由众多节点共同组成一个点对点的网络，这些节点之间相互平等，不存在“八大行星围着太阳转”的情况，换句话说，就是这些节点中，谁离开谁都可以正常工作。

（2）信息公开透明

区块链可以看作是一个分布式数据库，在这里，所有数据都不再是封闭和孤岛数据。每一个节点都是数据的所有者，也是数据的分享者，这样信息数据对于每个节点来说都是透明的，保证了整个系统数据的统一性。

（3）安全可靠

区块链上节点众多，即便对个别或多个节点数据进行篡改，也无法影响整个系统数据的完整性，除非能控制超过51%节点，并对这些节点同时进行修改。但这样的做法耗时、耗力、耗资金，即便能实现也得不偿失。正因如此，才能够很好地保证数据的安全性和可信任性。

（4）追根溯源

从第一个区块开始，就已经将最新产生的数据记录下来，区块链存储了系统中的全部历史数据，这些数据都是按照时间顺序排列的，为了更好地区分时间先后，就用时间戳来标明。这样基于这个时间戳，谁在哪个时间点做了什么，都可以一目了然。且任何事情的“存在性”都能够很好地进行证明。

（5）开放共识

任何人都可以参与到区块链网络节点上来，每个节点都能获得一份完整的数据拷贝，节点之间基于一套共识机制，通过密码算法共同维护整个区块链。

区块链这几个方面的特点，赋予了其有别于任何时代任何技术的超能力。传统的账本系统具备中心化潜质，所有的账目都记录在扮演中心化角色的金融机构中，如银行、第三方支付平台等，而且还存在被盗窃、被篡改的风险。然而区块链则完全以一种全新的姿态示人。去中心化、防篡改成为区块链区别于传统记账方式的最大优势。再加上去信任、可追溯的特点，使得区块链成为发展信用、创造社会价值过程中最耀眼的“明星”。

2.区块链浪潮涌现，这是一个好时代

区块链行业发展十分迅猛，人们常说“币圈一天，人间一年”。当人们真正了解“链圈”“币圈”以往的发展后，就会发现这句话一点都不夸张。因为，在过去的一年里，数以千计的数字货币横空出世，数百家数字货币交易所、数百家区块链财经媒体，以及不计其数的区块链自媒体、市值管理团队、围绕区块链项目的周边服务纷纷涌现出来。另外，数以万计的区块链项目公司正快马加鞭地奔向区块链入场门口。尤其是那些科技巨头，更是不愿意错过这个好时机。

阿里巴巴：2016年7月，阿里巴巴旗下的蚂蚁金服就已经将区块链应用在支付宝爱心捐赠平台，后又将其延伸到互助保险应用的领域；2016年10月，阿里巴巴和微软、法大大等联合开发了“法链”，提出基于阿里云平台的邮箱存证产品，通过法链上备份的电子邮件和云服务，阿里巴巴将使中国法院能大规模采用数字证据邮件；2017年3月，阿里巴巴投资一家名为Symbiont的证券公司，共同打造一个基于区块链技术的发行和交易智能证券平台；2017年11月，天猫国际宣布升级全球原产地溯源计划，该计划会覆盖全球63个国家和地区，涉及3700个品类，14500个海外品牌，该计划将全面赋能整个行业；2018年2月，菜鸟与天猫国际已经启动区块链技术跟踪、上传、查证跨境进口商品的物流全链路信息，涵盖生产、运输、通关、报检等流程，为每个进口商品打上独一无二的“身份证”，以供消费者查询验证；2018年6月，阿里巴巴上线首个基于区块链的电子钱包跨境汇款服务。

百度：2016年6月，百度投资美国一家名为Circle的区块链技术支付公司；2017年5月，百度金融与其他金融机构联合发行了区块链技术支持的ABS项目；2018年2月，百度上线了首个区块链应用——莱茨狗，为后期建立区块链钱包账户埋下了伏笔。

腾讯：2016年5月，建立了金融区块链合作联盟；2017年4月，发布了《区块链方案白皮书》，旨在打造区块链生态；2017年12月，联合广东有贝、华夏银行发布了以区块链技术为基础的供应链金融服务凭条——星贝云链；2018年4月，腾讯游戏创新工作室与腾讯区块链联合发布腾讯首款区块链游戏化应用《一起来捉妖》。

正如数字经济之父Don Tapscott所说：“区块链技术将会在未来的社会中产生广泛而深远的影响，它将会成为未来几十年里影响力最大的黑科技。”Don Tapscott一语道出了区块链在整个社会生产生活中的巨大推动作用。然而，不仅是国内巨头，这场区块链巨浪蔓延了全球的各个领域，在世界范围内形成了一种势不可挡之势。

中国：中国政府与企业对区块链的发展表现出浓厚的兴趣，支持区块链技术的发展和应用。

美国：美国政府借助区块链技术打造区块链图书管理系统，并拟构建一个科学的知识体系作为检索的核心，使得文献、数据库之间互通互联，有效地实现各方数据的共享和兼容开发，让读者能够便捷地使用图书馆资源。

英国：英国政府已将区块链技术上升到了国家战略的高度，而宽松的政策环境使英国吸引了全球超过16%的区块链初创企业。

总的来说，各个国家对区块链的态度不一，很多国家对区块链的发展持支持态度，表现为：日本、德国、加拿大、瑞士等完全支持区块链行业的发展；中国、美国、英国、俄罗斯等国家对区块链的发展还是保持谨慎的态度。区块链作为一种新兴技术，被塑造了去中心、安全、一致性和不可篡改的属性，也决定了其与金融业的高度契合。然而，不仅在金融业，区块链还在制造业、知识产权领域、物流领域、智能交通领域、食品安全领域、医疗领域、公益慈善等领域的应用也大放异彩。

例如：在金融领域，区块链应用于金融领域，让法律执行走向智能化，有效抵制反洗钱行为，构建了信用机制；在医疗领域，保护了患者隐私，保障了健康数据记录的真实性和完整性，解决了药品防伪问题，解决了医疗欺诈问题；在知识产权领域，维护了原创作者的合法权益，保证了原创内容存在的唯一性……

总之，区块链技术为各领域带来的影响和作用是所有国家都不能忽略的。

罗振宇曾在《时间的朋友》跨年演讲中有这样一句话："有人总喊岁月静好，但真实世界毕竟大河奔流。"的确，区块链浪潮的涌现、各领域资本的注入，为市场经济的变革带来了全新的力量，使我们平凡的世界变得不再平凡，让我们进入了一个好时代。

区块链的应用给各领域带来的巨大贡献是有目共睹的，也为人类生活构建了一个美好的蓝图。正因如此，当下这股区块链浪潮才能以迅雷不及掩耳之势渗入人们生活的方方面面，且这种势头不可阻挡。

区块链不单是一种技术，更是一种思维

提及“区块链”三个字，即便是对其有所了解的人，也只是知道区块链是一种去中心化、去信任、防篡改、可追溯的技术，却很少有人从另一个角度将其看作是一种思维，而这种思维是从中心化向分布式模式的转化，再到对整个社会商业生态的改变。

那么什么是区块链思维呢？区块链思维是这样一种概念，它是考察区块链、运用区块链的一种系统思维方法，它是数字化世界的一张通行证，它是提前触摸未来的一份行动指南。具体来讲，区块链思维是以去中心化、多方共识机制、代币经济学为指导思想，使人人参与、人人贡献价值、人人获得利益，从而构建新型生态级价值互联网。

那么究竟该如何理解区块链这种思维模式呢？区块链本身是一种以去中心化、信息公开透明、安全可靠、追根溯源、开放共识为特点的全新技术。基于这些特点，区块链思维模式主要呈现出以下几个方面的特点：

1.拒绝依赖

在以往，人们之间从事任何交易，为了安全起见，确保自身利益不受损失，都会专门找一个中间人做担保，这样才能让交易继续进行。换句话说，没有中间人做担保，似乎交易双方都会对对方产生怀疑，认为对方可能存在欺诈行为。显然，这种方法对担保人的依赖性很强，就像是没有太阳，其他行星不会公转一样。然而，对于区块链而言并不会存在这样的情况，不需要中间担保人就能顺利完成交易。

这也就意味着，区块链思维具有不依赖他人的特点。

比如A从B那里借了一百块钱，但B担心A会赖账，于是就找村长做公证，并把这笔账记录下来。村长作为两个人的公证人，就是一个典型的中心化，如果出现问题就找村长公证。但如果不去找村长，直接用喇叭在村里广播“B借给A一百块钱，请大家记在账本里”，这样就是去中心化。

以前村长做公证，掌握了全村人的账本，大家都把钱存在他这里，这就是过去大家对中心化的信任。现在，大家担心村长会偷偷挪用钱款，于是就给每个人都发了一个账本，任何人之间的账务往来都通过大喇叭发布消息，收到消息后，每个人都在自己的账本上记下这笔交易。这就是去中心化。有了分布式账本，即使A或者B丢了账本也没关系，因为村里其他人都有账本。而这种不需要依赖别人的特性就是区块链思维的特点之一。

2.不可反悔

世上没有后悔药，区块链的世界里同样如此。区块链具有不可篡改的特点，即操作和执行是不可逆的，所以区块链思维也应当具有不可反悔的特点。换句话说，就是用户在区块链上进行交易，如果转账完成后却发现转错了地址，这时交易是无法取消的。此时，唯一的方法就是可以通过找到接收方，在接收方愿意且能够找到这笔资产的前提下返还给转账方。但事实上，这样的方式即便能找回，但找回的可能性太低，或者成本太高，甚至远高于转账方丢失的金额，因此转账方只能选择吞下自己酿的苦果。

3.加密授权

传统互联网中用户所产生的数据都是存储在互联网公司后台，掌握在一些大型公司手中。即便这些互联网公司或大型公司如何标榜自己实力雄厚、技术强大，但依然对于黑客攻击事件避无可避。因为互联网是一个脆弱的、明文的、没有隐私保护的环境，我们处在一个信息存储不安全的互联网时代，区块链作为一种重要的工具，为我们重建了一个健壮的、加密的、保护隐私的互联网社会。区块链上的数据都是被加密的，他人无法解密，更无法非法窃取。这就意味着只有用户自身才能看到交易内容，相关方如果想阅读其中的内容，只能向用户申请授权，经过用户许可才能实现。

4.消除不平等

绝大多数时候，我们都在围绕某个中心点的环境中生活，就像八大行星围绕太阳旋转一样，企业有领导、购物有电商平台，可以说我们生活在一个由中心化组成的系统中。毫无疑问，这种中心化系统中，处于中心地位的个人、组织、机构等往往具有很强的话语权和决策权、控股权，对于其他人而言，这是十分不平等和不公平的。

在这种不平等情况下，是十分不利于经济和整个社会发展的。因为，只有人们彼此平等，才能相互尊重，进而齐心协力为了共同的目标而努力。

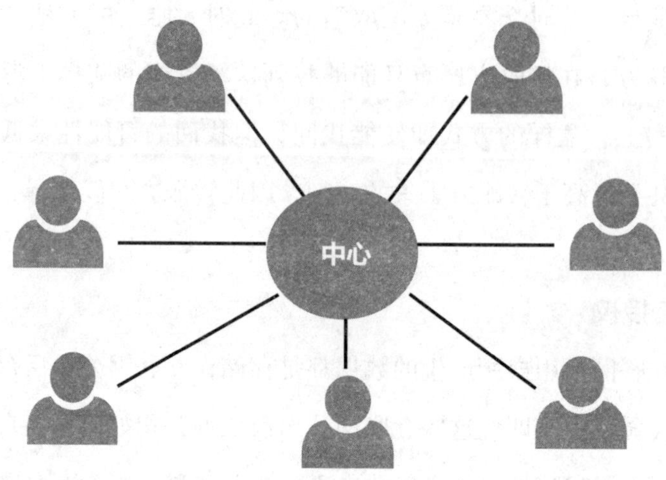

图1-1 由中心化组成的系统

所以，无论一个国家还是一个企业，都急需一种制度，确保每个人都能享受到同等的好处，改善这种不平等现状。区块链就是实现人人平等的优良解决方法。

区块链本身是一个去中心化、分布式数据账本，从根本上摒弃了中心化特点，将去中心化作为其重要特征，使得区块链中任何节点之间的交易都不存在任何中心化机构参与，却依然能够让交易各方能够用一种平等的身份在公平、公正的情况下进行。而这一点，回到区块链思维上，正是体现出了一切要素平等化的思想。

那么什么是去中心化呢？为何能实现人人平等呢？

从网络结构上看，去中心化是一个开源、多元化的网络结构，每个节点相互连接、制约，但并不受到某一个中心节点的管制。从简单的人和社会关系来比喻的话，“去中心化”的含义就是每个人都是一个中心，每个人都能对相连接的其他人产生影响，不受任何组织和阶层的管理和制约，从而形成扁平化、开放化、平等化的社会形态。

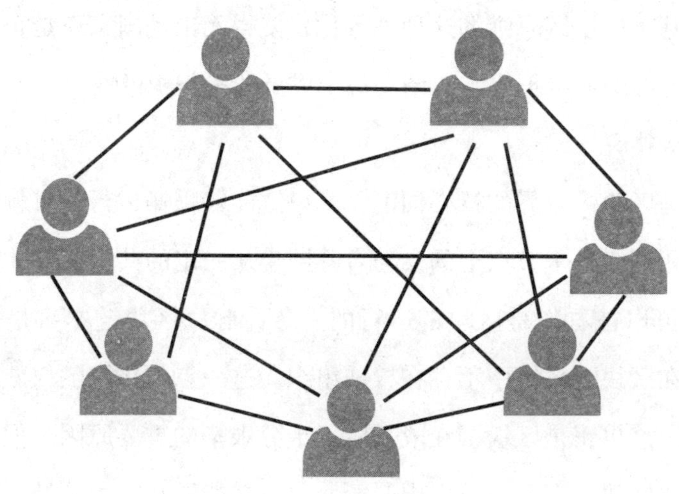

图1–2　去中心化的系统模式

在区块链上交易节点的信息是保密的，虽然交易和交易的金额可以在每个区块链的地址上进行追溯，但是要想识别每个操作或者参与交易各方相关的个人信息是十分难以实现的。区块链上每个参与者的身份，无论是个人，还是组织，在经过加密代码的复杂哈希（哈希的英文是Hash，音译“哈希”，它其实就是一个复杂的算法。它的输出可以是字符串，可以是数据，可以是任何文件，经过哈希运算后，变成一个固定长度的输出，该输出就是哈希值。）后就是匿名的，这样，人与人之间的身份差别就消失了，使得交易建立在一种平等的基础上进行。

可以说，在区块链时代，人与人之间没有身份差别，在同一件事情上，大家都有相同的权利和义务。这样对于区块链上的每个节点而言，不论是利还是害都是相同的。即便没有一个中心领导人，在区块链所构建的这种分布式的、民主的所有权结构上，所有人都能自主、自发地参与到同一件事情当中，对同一件事情达成共识。

基于区块链的这一特点，自然就使得区块链思维体现出了一种平等化的特点。基于区块链思维的这种平等化，使得无论是国家还是企业在运营过程中，能够降低维护成本，调动每个成员的参与积极性。

5.遵从共识

共识是区块链世界的核心词汇。区块链能够顺畅运行，有赖于区块链上的分布式网络各个节点上的参与者共同遵从一定的共识机制才能实现。共识机制可以被看作是区块链运行的一条命脉。区块链本身是去中心化的，因此在区块链系统中不存在权威组织。这一点与传统的权威组织模式大相径庭，这也正是区块链在成长阶段十分艰辛的重要原因，但也正是因为这一点让区块链在众多技术中脱颖而出，并能够在技术领域独领风骚。区块链的共识机制常见和常用的是工作量证明机制（POW）、权益证明机制（POS）、授权股权证明机制（DPOS）。

这三种共识机制，无论哪种都是区块链的灵魂。区块链不存在任何趾高气扬的中间机构。遵从共识机制原理，可以使整个市场经济中没有谁能够掌控整个经济主体，但是每个人却都能够在追逐利益最大化的共识下使经济发展欣欣向荣。共识机制可以说是实现人类组织体系革新的一个巨大突破，它与以往的金字塔体系截然不同，但也不同于平台垄断体系，它所形成的就是共识组织。当前，区块链在各领域应用中实现的创新都是依赖于这种共识机制做出的巨大贡献才得以实现的。

6.算力即权力

区块链其网络中最重要的一个要点就是“算力”。所谓“算力”也称作哈希率，体现的是比特币网络处理能力的高低，换句话说是CPU计算哈希函数输出的速度。具体在“挖矿”的过程中，在进行运算的时候，由于没有固定的算法，所以只能通过计算机进行哈希算法的随机碰撞，而一个矿机每秒钟能进行多少次哈希算法的随机碰撞，就意味着其算力是多少。

以区块链为底层技术的比特币，其网络中算力是最重要的一个要点。这一点如何理解呢？在比特币“挖矿”的过程中，并没有限制节点数量，而是以算力大小来决定新区块确认的依据。在这一点上想法是非常独到的。因为，虽然已在确认新区块并达成共识的过程中，算力存在一定的缺陷，但正是因为算力的维护，才使得整个比特币网络能够保证安全。在这一点上，我们可以将算力看作是维护比特币区块链安全方面具有一定权威性的方式、方法，换句话说，“算力即权力”。

总而言之，区块链本身就是一种思维方式。区块链的去中心化、不可篡改、信息公开透明、安全可靠、追根溯源、开放共识等特点使得区块链思维呈现出拒绝依赖、不可反悔、加密授权、消除不平等、遵从共识、算力即权力的特点，能够帮助诸多创业企业和传统企业打开更多商机的大门。

区块链思维与互联网思维的区别

进入2018年以来，区块链刮起了一阵“狂风”，区块链技术凭借几大特点，在各领域的应用如火如荼。然而这时候，区块链已经不再是单纯的一门技术，而是回归商业本质，集中精力给与人们生活息息相关的各领域提供日常问题的一个具体解决方案。这些解决方案就是基于区块链思维而制定的。

互联网思维是早些年提出的一种思维模式，现在的区块链思维正如当年的互联网思维一样，给人们带来极大的憧憬和商业、社会利益，让人们对区块链思维有了更加深入探究的欲望。

区块链技术是在互联网的基础上产生的，更被看作是对互联网的升级。互联网实现了信息的自由流动，可以认为是一种信息互联网，而区块链则在互联网的基础上更进一步，可以认为是一种价值互联网。那么互联网思维和区块链思维之间存在的区别有哪些呢?

1.思维内涵区别

（1）互联网思维

互联网思维与传统的商业思维有很大的区别，正如如今广为人知的

“羊毛出在羊身上”“流量思维”“免费思维”“口碑思维”“迭代思维”等，基于这些思维，各企业颠覆了原有的认知，为企业的发展开辟了全新的运营模式。了解互联网思维的人都知道，互联网思维有一个七字诀——专注、极致、口碑、快，而这个七字诀就是互联网思维的成功方法论，或者也可以直接理解为互联网思维就是一种成功方法论。

■专注：互联网思维中的“专注”，即将所有资源、经历、财力都聚焦在一点上，以增大压强，实现单点突破。简单讲就是“一厘米宽”。

比如，苹果创始人乔布斯的专注是人们想象不到的，他做手机甚至专注到了所有手机只做一种颜色，到了后期换了几个颜色之后，他觉得自己已经不够专注了。

■极致：所谓极致就是做到自己能做的最好，做到别人所达不到的高度。换句话说就是只有你想不到的“好”，没有我做不到的“好”，让用户对你的产品和服务满意到尖叫。简单讲就是“一公里深”。

例如，京东不仅仅是一家电商平台，还是一家物流公司。京东的物流在当前所有电商平台中都是让人望尘莫及的。京东用户上午下单，下午即可收货。另外，京东退货方面还通过极速的退货方式让用户想尖叫：当用户申请退货后，京东承诺2小时能完成退换货，如果在2小时内未上门取货，则退款款项就已经到了用户账户，让用户退货无忧，当然前提是用户在京东已经积累了足够好的信用。

■口碑：用户购买产品的时候，很大程度上依赖于口碑的好坏来决定其购买行为的发生。如果企业产品的口碑让用户失望，那么即便是再好的产品也无济于事。拥有好的口碑，每个用户都是最好的免费宣传员。

■快：在互联网时代，企业要想抢占市场，唯一拼的就是“速度”。信息处理变革的一大特点——快，当然“快”比“慢”好。小步快跑，则永远能够快人一步抢占市场先机，获得领先竞争优势。这样就能够在大江南北“插满红旗”，让对手无路可走，而且能够以迅雷不及掩耳之势，将竞争对手“甩出好几条街”。

（2）区块链思维

相比于互联网思维，区块链思维则是一种工具，借助这一工具，能够帮助人们更好地理解区块链数字资产。换句话说，互联网思维是为一件事情提供解决方法，而区块链思维则是实现这种方法的执行工具。区块链的出现又为各领域的发展带来了新的“玩法”，而且这些新“玩法”又在一定程度上颠覆了基于互联网思维的认知。如果说互联网思维有一个七字诀的话，那么区块链思维也有一个“十字诀”，即社区、透明、积累、共产、慢+快。

■社区：所谓“不谋全局者不足以谋一域”，换句话说，就是只有志趣相投、意愿相同的人才能聚集在一起，所以在社区里的每个成员都有共同的目标，都能够行动一致。在区块链中构建了宏大的社区，社区成员共同对交易进行验证，成员之间共同维护集体权益。但如果出现“分叉”的情况时，社区就会分裂。在区块链思维中，构建一个怎样的社区生态是核心。

■透明：理论上，所有的公有链和“基础设施”源代码，在一上线之后，数据就会呈现出开放透明的特点，所以竞争对手可以随时复制粘贴。

■积累：由于基础设施是公开透明的，上线之后就会被复制。企业如果想要建立壁垒，唯一的方法就是将积累的各方资源迁移上链，从而建立一个尽可能大的社区生态体系。

■共产：社区是大家共同的社区，无论是现在、未来进入社区的每一分子都会为社区做贡献，每一个贡献者都会获得相应的奖励——Token（代币）经济①。

■慢+快：在上线前节奏要“慢”，因为需要详细设计社区模型和Token经济，为社区的未来做准备，做好“蓝图绘制”的工作。当上线后就要做到“快”，快速将社区成员召集上链，发动集体的力量，激励更多新成员“撸起袖子加油干”，为社区做贡献。

2.本质区别

具体来讲，其本质区别在于：互联网思维的本质强调的是用户和闭环，而区块链思维本质上强调的是共识和共赢。

（1）互联网思维

在互联网思维下，以往的互联网服务都是以提供中介服务为主的，因为互联网可以很容易地通过信息化将相关的各方联系在一起。如淘宝、支付宝、微信、饿了么等，这些都是一个具有中心化特点的服务器，将相关领域的资源联系在一起，提供了一个比没有互联网更为方便、快捷的服务。互联网服务通过获取流量的方式而赢得竞争力，提供一个统一的入口，很多通过“烧钱”的方式吸引大批用户，达到汇聚流量、建设服务

① Token经济：Token，原意为令牌、信令或者称之为通证，但目前国内普遍用“代币”这一解释。Token经济是一个基于区块链技术的微型完善的经济系统，在这个系统中需要对货币的产出渠道、速度、数量等进行调控，以达到激励机制的生态化目的。

平台的目的，使得强者更强。而弱者在互联网思维下是难以为继的，最终的结果要么是被那些互联网巨头“招安”，要么就在惨淡经营中以失败告终。

众所周知，在外卖领域，饿了么、美团外卖、百度外卖等通过发放红包、优惠券、代金券等烧钱的方式，抢先吸引流量，并以此先人一步抢夺了外卖市场的先机，拥有强大的流量入口、配送端等，并且成为外卖巨头。

当然，在大肆烧钱模式下，也有很多企业因此而“阵亡”。2017年下半年，发展正盛的共享单车领域突然有两家创业公司——悟空单车和3Vbike先后退出共享单车的舞台。这两家公司是最早一批倒闭的共享单车创业公司。为了能够在共享单车领域赢得一席之地，初创公司只能像当初的网约车市场一样，采用烧钱模式，但作为中小企业，要想与摩拜、小黄车等巨头相抗衡，就需要烧更多的钱。到了钱烧不起的时候，就只能退出这场激烈的市场竞争。

（2）区块链思维

区块链思维是以去中心化为特点，每个节点都是建立在一种基于统一规则的“宪法”基础上，所以每个节点之间具有相同的责任和义务，大家能够将自己的交易记录分享给系统网络中的其他节点，并能够对所记录的交易内容达成一致意见，这体现的就是区块链的一种共识、共享的特点。显然，区块链思维强调的是个体的力量，作为一个独立的个体，通过社区竞争、团队协作，以达成共识的方式将用户和服务联系在一起。使得提供服务的机构组织和其用户之间并不对立，而是相互激励、相互惠及的，从而形成一个共赢的局面。显然，区块链思维是自发性地带来流量，并且在带来流量的同时可以获得相应的回报。

例如，网易星球作为一个基于区块链生态价值共享平台，目前虽然处于内测阶段，但流量已经非常大了。

3.渠道差异

（1）互联网思维

传统的商业模式中，渠道为王。绝大多数情况，生产商往往挣不到多少利润，实际上忙活半天却是在给商超“打工”；商超所赚来的利润也都交了房租。互联网的出现，本以为可以改变这种现状，可以在一定程度上消灭渠道，但意想不到的是，互联网竟然成了其控制力更强的渠道，比如将消费者和卖家联系起来的电商平台，卖家将很大一部分利润交给了电商平台。

（2）区块链思维

区块链思维下，生产者可以把产品和内容直接推广出去，再也不需要中间渠道商的参与和干扰，再也不会被中间渠道所盘剥，也不必被互联网的流量渠道所盘剥。每一个生产者都是自发流量，好的产品和内容，会以十分迅猛的速度被传播出去。这样，生产者和用户跳过中间渠道商直接对话。这是一种生产关系的大变革。

举个简单的例子。在互联网时代，生产商与消费者线上完成产品购买交易，是需要双方都借助中间电商平台才能实现的。在区块链时代，生产商和消费者之间完全省去中间商渠道，省去一笔巨大的中间成本，使得产品直接面向消费者。如果是好的产品，自然会吸引消费者在社区中快速传播，以达到免费获得流量的目的。而对于那些对生产商贡献较大的消费者，生产商会以代币的方式对其进行奖励，贡献越多，则获得的代币越多。

4.传递内容不同

（1）互联网思维

在人类社会发展的历程中，信息与价值往往是密不可分的，价值传递往往与信息传递的重要性不相上下。互联网的出现，使得人类的信息传播效率被极大提升，实现了信息传播的全球化，人们足不出户就可以尽知天下事。互联网传递的只有信息，却不是价值。所以，互联网思维可以看作是一种信息传递的思维。

（2）区块链思维

如今，区块链已经在各领域红透了半边天，很多人认为区块链之所以这么火热，很大程度上归功于比特币的价格。其实这句话有失偏颇。区块链真正火爆的原因，并非只源于比特币，而在于其所蕴含的价值。区块链并不是没有价值的，而恰恰就是价值的传输，才使其成为各领域争相追捧的“明星”。可以说，区块链思维是一种价值传递的思维。

举个简单的例子。你辛辛苦苦写了一篇小说，并以连载的方式发到了互联网上，很多人都可以看到你的小说，但你在互联网上发文的过程中只做到了信息的传播，并没有实现价值传播。也就是说，很多人在看了你的小说之后，也可以抄袭或复制小说情节，而你的小说本身所蕴含的价值就被人盗用了。所以小说是传播出去了，但小说的价值并没有得到传递。

区块链场景与区块链思维

区块链思维是在区块链基础上形成的思维模式，所以很多创业者、企图转型的企业主都在思考一个问题，就是如何才能挖掘一个“杀手”级的区块链应用场景，让区块链思维模式得以更好地落地。

这里还需要回到区块链技术的本质上，如果把区块链理解为一种具有去中心化、去信任化的记账技术的话，那么找到能将去中心化、去信任化特点发挥到极致的场景就是区块链思维的一个好的落地场景。

所以，按照这个逻辑，可以归纳出几个区块链思维落地场景的基本原则。

1.多信任主体原则

区块链本身是信任机器，最好的应用环境应当具备一个特点，即不同企业主体之间没有天然信任关系，这样就有区块链的用武之地，自然也就有了区块链思维的落地之所。反之，如果不同企业主体之间已经建立起了坚不可摧的信任关系，或者已经拥有完备的制度保障，那么区块链在该场景中应用的必要性也就不大了，自然区块链思维也没有办法很好地落地。

举个简单的例子。假设村里的小明向小芳借了100元，为了保险起见，小明写了借条并写明某天某时某刻归还，之后将借条交给村长作证。但小芳认为小明是村长的侄子，如果一旦小明赖账，村长基于亲戚关系难免会徇私情。显然，小芳对小明和村长并不是十分信任，换句话说，小芳与小明、小芳与村长之间并没有天然的信任关系，所以小芳不能保证借出去的这100元能够重新回到自己手中。此时，小芳的好友小倩知道这件事后，提出了一个让小芳能够放心的解决方法：去村委会向全村人用喇叭广播，告诉全村人“小明在某天某时某刻向小芳借走了100元”，之后还当着全村人的面将小明写的欠条张贴在公告栏里。这时全村人都知道了这件事情，并且看到了欠条，大家都能证明“小明在某天某时某刻向小芳借走了100元”这件事情是真实的，所以，即便是小明想买通村里所有人作伪证，需要花费大量的收买费，这笔费用数额巨大，与借走的100元相比，收买毫无意义，反而得不偿失。当然，小明借走的这100元，在众目睽睽之下，到了约定时间自然会如期还给小芳。整个过程中，无论是借款、作证，还是还款，这个过程的所有参与主体之间都不需要建立任何信任关系，小芳也不必为拒不还钱的风险而担忧，还能如期收回自己的欠款。

2.多方协作原则

如果应用场景中本来就协作方众多，那么势必造成对账成本居高不下的局面。但区块链本身就是一本分布式共享账本，在协作方众多的场景中加以应用，自然可以借助智能合约的强执行能力，有效降低对账执行的成本，提高对账效率。这样才能凸显出区块链思维的“代码即法律”的特点。

以大规模协作为特点的供应链金融为例。在产品生产与流通的过程中，所涉及的上下游成员，包括原材料供应商、生产商、质检机构、运输商、经销商、消费者等共同组成了一个网络结构。所有这些环节共同组成了产品供应链，当供应链完成的时候，随之而来的就是一系列实物产品和金融交易的发生。但是，当前全球供应链管理水平远低于人们所期望的样子，传统供应链或贸易金融流程是高度依赖人工参与其中的，包括大量审阅、创建纸质文件、验证交易单据等诸多环节，各个环节一旦出现失误就会带来很高的风险。如果在分布式账本上管理这些环节，那么情况则大不相同，既可以降低伪造的可能性，又不会因为人工参与的失误而产生风险。所有的这些问题都融入区块链思维，通过智能合约来解决，则一切成本问题、风险问题都能迎刃而解。

3.中低频交易原则

由于区块链发展到目前的阶段，其并发性和扩展性方面的不足，使得区块链在大规模高频交易的应用场景中并不适用，比如股票交易所等，所以需要选择中低频交易场景来落地区块链思维。

4.商业逻辑完备原则

区块链思维要想更好地落地，还需要应用场景具备完备的商业逻辑。因为区块链上各个节点之间一定要有完备的商业逻辑，才能使每个节点形成多赢的局面，每个节点参与者才能更加有动力使用区块链思维。

事实上，在区块链思维落地的速度上，非金融领域的落地速度快于金融领域。原因有两点：

（1）区块链思维在金融领域落地，往往对技术提出了很高的要求，而区块链技术距离成熟应用还有段距离；

（2）金融领域是强大的监管领域，其试错成本高昂，制定决策和决策完善的过程较为缓慢。

但是，根据潜力来看，金融领域是区块链思维落地的最佳场所。换句话说，金融是区块链思维做好的落地场景之一。因为金融领域痛点明显，且市场规模较大，我国金融业每天的IT投入保守估计达到了上千亿元，这样巨大的投资足以培养出一个区块链思维应用的独角兽。

第二章

区块链思维，到底是什么思维

在当前区块链大火之际，区块链思维成了继互联网思维之后的又一创新性思维模式，区块链思维并不是靠凭空想象而登上历史舞台的，而是有着与当年互联网思维惊涛拍浪般的恢宏气势和无法比拟的价值而呈现在人们面前的。那么区块链思维到底是什么样的思维？区块链思维具有怎样的价值？这些问题成了人们十分关注的话题。

区块链思维是一种生产关系思维

区块链技术被认为是继蒸汽机、电力、互联网之后的下一代颠覆性的核心技术，被预测为“第四次工业革命”。蒸汽机的出现解放了人们的双手，解放了生产力；电力的出现解决了人们的生活需求；互联网的出现使得原来“联络基本靠吼”的信息传递方式发生了巨大变革；而区块链的出现则彻底改变了人类“价值传递”的方式。如果说人工智能是生产力，那么区块链就是生产关系；如果说人工智能是生产力的变革，那么区块链就是对生产关系的革新。而区块链思维也就是一种生产关系思维。

1.生产关系思维的内涵与本质

这里我们需要首先从生产力和生产关系说起。众所周知，生产力决定生产关系，生产关系反作用于生产力，这是一条永不变的规律。生产力与生产关系共同组成社会生产。如下图所示：

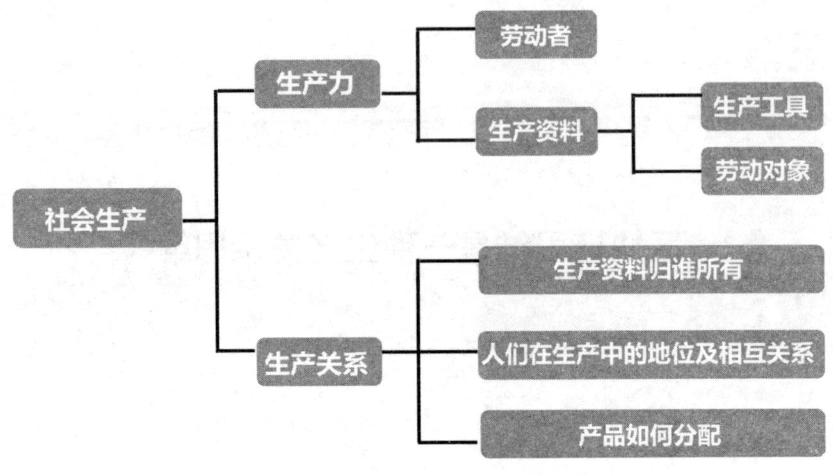

图2-1 社会生产的构成

生产关系包括生产资料归谁所有、生产者地位和相互关系、利益如何分配。

分工合作是人类社会经济不断发展的基本动力，当前分工变得越来越精细化，而合作则变得越来越深入，如果没有交换，分工的果实就无法得以实现。所以，交换和合作是分工进一步深入的前提。这两者之间相互促进，并且呈现出螺旋式上升的趋势。

所以，区块链变革生产关系，主要体现在以下三个方面：

（1）区块链确保资产的归属权

在我国古代，任何一块人们能够触及的地方都属于高高在上的天子，作为普通百姓以及臣属所拥有的一切都是天子的，就连自己的性命，都是天子说了算，这也就是所谓的“君让臣死，臣不得不死”。显然，在古代，普通百姓是没有任何所谓的个人资产的。

进入了近代、现代社会，许多国家明文规定：私有财产不可侵犯。而我国在所有权方面也出台了相关政策，公民享有70年的房产权，这就意味着资产的确定得以真正落实。

但此时又出现了新的问题：如何来证明或确认我们手中的资产就是自己的呢？毕竟空口无凭。如果我们用所有权证来证明，那么如何能证明所有权证是真实的呢？

区块链本身的数字确权技术能够确保归属权，这是区块链技术的第一个特征。区块链可以说是由一连串数字链接起来的，通过区块链上各个节点参与者对数字资产的交换或转移进行确认和验证，能够清晰地看到相关的资产归谁所有。与此同时，资产所有者持有密钥，对资产具有唯一掌控权。从这个意义上看，区块链是生产关系的变革。

具体而言，在资产交换或转移的过程中，区块链让点对点之间的交换和合作成本大幅降低，换句话说就是交易成本降低，这样又进一步推动了分工的进一步细化，从而推动了生产力的进一步发展。

（2）区块链约定生产者的地位和相互关系

在人类历史长河中，每一次生产关系的变革，都会使生产力实现巨大的突破。与此同时，也会演化出一个全新的人际关系，这就是所谓的新型生产关系。

蓬勃发展的人工智能代表了一种全新的生产力，而区块链则成为一种全新的生产关系呈现在人们面前。这个时候，就需要确立一个崭新的人际关系，人与人之间旧的关系格局被打破，全新的格局被重新确立起来，人类发展也由此更进一步。

共识算法和智能合约是区块链的两种核心技术，借助共识算法和智能合约，在不需要中介机构做信任背书的情况下，就能通过一整台数学算法和合约执行条件来约束人们点对点之间的资产交换，而且还可以约定生产者（如矿工）的地位，约定了点对点资产交换双方的相互关系。

（3）区块链调整生产力关系并确保利益分配

当前，区块链已经从最初的暗流涌动发展为如今的如火如荼，无论专家、行业大佬，还是国家都在主推区块链。区块链作为一种分布式账本，已经在应用的过程中逐渐形成了一种新的生产关系变革的思维模式，即区块链思维。这种思维模式实现了生产关系的调整和价值的再分配。

我们都知道，区块链本质上是分布式账本，代表的是所有人的共识。在共识机制的基础上，通过时间戳和加密算法，使得每一个区块按照时间顺序排列，这个通行证可以分割原本不可以分割的资产，可以交易不可交易的资产。

在过去，资本家拥有生产资料、资本等，在建立了一个商业帝国之后，通过剥削劳动者赚取剩余价值。后来，资本家逐渐演化为商家，依靠攫取消费者权益的方式赚取利润。这两种以中心化组织和机构来获取巨大权利和权益的生产力分配方式在人们眼中是十分不公平的。

如今，区块链技术的出现推动了区块链思维模式的诞生，通过Token代表所有人的权益，代表企业的生态价值，并能够使得Token能够快速渗入到消费者当中。消费者通过参与商业活动，或者购买企业产品来获得Token，即实现消费即投资。这种商业模式下，消费者成为甲方，这是对传统生产力关系的调整，另外也颠覆和重置了原来只属于资本家或股东的利益，实现了产品、财富、价值的重新分配，这也是对生产关系的一种巨大变革。

显然，区块链作用于生产关系，使得生产关系实现了革新。然而，每一次生产关系的变革，都会推动全新生产力的出现。区块链可以改变当代人类社会的生产关系，给人类带来社会生产关系的第四次重大变革，进而在一定程度上提高了人类社会的生产力，而生产力是提升人类社会进步的动力和源泉。所以，区块链可以通过重构生产关系而带来巨大的社会变革。

从这个意义上讲，区块链比以往任何时代的任何技术都重要得多。如果说云计算、大数据、物联网、移动互联网技术是提高生产力的重要筹码，那么区块链技术则是能够通过改变杠杆支点的方式使得生产力实现巨大变革的工具。可以说，区块链变革生产关系的同时，会彻底地改变了生产力。能够了解这一点，我们就能更加清楚地认识到区块链的生产关系思维的内涵与本质。

2.促进人类大规模协作

抛开区块链的定义，单从区块链这项技术而言，区块链上每个节点能够一起对一件事情达成共识，能够共同维护集体的权益。从这一点上看，区块链实际上是一种生产关系的技术。换句话说，区块链网络中的节点能够作为一个个单独的个体参与到分工协作当中，通过区块链的共识机制，达到相互协作，产生价值的目的。这样看来，区块链思维是一项促进人类大规模协作的思维。

所以，区块链技术并不是单纯的一项技术，而是已经超出了一般技术范畴，是一种“生产关系的技术”。区块链与人工智能、物联网、云计算、大数据有所不同。如果说人工智能、物联网、云计算、大数据是生产力，那么区块链则是生产关系，区块链思维则是生产关系思维。

然而，分工协作是一种生产关系，且在生产关系中是起决定性作用的要素。这样，区块链思维是一项“促进人类大规模协作的思维”就得到了更好的印证。

对于区块链思维促进人类大规模协作这句话的理解，可以举个例子来解释：

例如，古代军队作战，1000个士兵组成的军队，与城内100名百姓自发组织民兵军队，共同抵御外敌。显然，1000个士兵和100名民兵之间相互协作，行事则更加高效。大家有一个共同的信念就是“杀退敌军、保家卫国”，有一个共同的信任中心就是将军，同时也有相同的奖惩制度，如每个士兵每杀敌10个晋升一级，或者临阵逃跑则斩立决。这种奖惩方式又进一步加强了士兵协作关系的强度。

在现代企业中，也有强协作关系，员工业绩越好，收益越高；业绩越差，收益越低。每个员工都在这种规则下协作。他们也有一个共同信任的中心，即老板，同时员工之间展开协作也是在企业的奖惩制度下执行。

当前很多企业都采取股份制，虽然绝大多数股份都掌握在大股东手中，然而对于那些持有一定数量股份的员工来讲，却能很好地激励他们的工作积极性，认为自己的努力完全是为了自己的利益，这就使得员工之间形成了一种更强的协作关系。

以上协作关系中，都是以一个共同信任的中心节点为核心点。如果这个中心节点，即将军、老板、大股东在其中非法窃取利益，那么群体中的其他个体利益就很可能受损。

区块链的出现，使得人与人之间可以不需要信任中心，就可以完全实现大规模、自主协作，这一点相当于股份制企业员工协作的极致化，即每个人都是地位平等的股东。这样，传统企业的模式就会被区块链完全颠覆，使得人与人之间的协作模式也因区块链思维而发生了改变。

3.助力供给侧改革

区块链如今走上了风口浪尖，成为人们口中的谈资。与此同时，一些大佬们已经开始全面探索区块链技术在各领域的应用，而区块链在应用过程中体现出了革新的力量。区块链在与时代同步发展的同时，正以一种强大的区块链思维模式改变着生产关系，并在此基础上实现供给侧的改革。

什么是供给侧呢？供给侧的直白解释就是供给方面。国民经济能够平稳发展，取决于供给和需求的平衡，但当前的现状是供需不匹配、产能过剩。为了解决这样的供需现状，国家提出了“供给侧改革”，即淘汰落后产能，在提高供给质量的基础上，扩大有效供给，实现供需匹配，进而创造新的经济增长点。

说到“供给侧”，我们不得不提到共享经济。近几年，随着Uber（P2P租车平台）和Airbnb（P2P旅馆平台）等的出现和应用，带动了“共享经济”的火爆。由此，也使我国的共享经济企业层出不穷，如小猪短租、蚂蚁短租、摩拜单车、e代驾、58到家、首汽约车等。

表2-1　国内主要共享经济领域的部分代表性共享平台

应用领域	部分代表性共享平台
交通出行	滴滴出行、首汽约车、PP租车、友友租车
房屋短租	游天下、蚂蚁短租、小猪短租、途家网
劳务分享	121跑腿商城、UU跑腿、达达物流、e快递、人人快递、同城速递
资金众筹	京东众筹、天使汇、众筹网、点名时间、淘宝众筹
生活服务	58到家、功夫熊、e代驾、爱大厨、河狸家
技能共享	猪八戒、在行、K68、时间财富
知识共享	知嗒、靠我、知设网

真正的共享经济，是指拥有闲置资源的个人或机构有偿让渡资源使用权给他人，让读者获取一定回报。分享者利用分享他人的闲置资源为自己

创造价值和财富。共享经济的基本特征是：

■借助网络信息平台实现共享。

■以租代买，资源的支配权以及使用权分离。

■以物品的重复交易和高效利用为表现形式。

■人人都是产销者。

■去中介化、去中心化。

如何理解共享经济模式下的这种“去中介化、去中心化”的特点呢？共享经济的商业模式可以被看作是一种去中心化模式，即每个人都是互联网上的一个中心节点，人和人之间实现了对接，这种连接更加直接、多元、平等。

然而，随着共享企业的不断发展，已经逐渐偏离了原本的“共享”理念。

以共享出行交通领域为例。随着共享出行平台数量的不断增长，一些平台已经出现了与共享经济本质相左的情况，以滴滴为例，如今出现了悄然涨价、自由调控价、降低补贴政策等，使得原本闲置在社会中的车辆、司机逐渐随着价格的上调，在需求方面也出现了一定程度的下降。随之而来的则是一些更具专业化水平，从传统出租车领域推出的群体开始涉足网约车运营领域。这样，就使得网约车领域车辆增多，同时，也使得当前该领域不是单纯的闲散物品的整合，而是部分专业化队伍重构车辆设备进行的一次行业新转型。这样，就使不少共享出行平台失去了共享经济的灵魂。像滴滴这样的共享平台，则在合并了Uber在中国的分公司之后，成为国内最大的交通出行平台。然而滴滴出行虽然发展理念是去中介化、去中心化，其商业模式是开放共享的，但这种所谓的“共享”实际上是对旧有中心化模式的替代，本质上是一种更大的中心化平台。

显然，滴滴作为一个巨大的中心化平台，使得真正意义上的“去中介化、去中心化”难以实现，真正的“共享”理念就成为一种乌托邦。

对于这一点，区块链作为一个存储数据信息的大账本，将信息存储在多个副本当中，并分布在网络的各个节点上，而不是存储在一个中心位置。所以，设计精良的区块链，则可以帮助扩展共享经济系统，可以大量记录快速变化的所有权信息。

拿Uber和Airbnb来说。Uber和Airbnb是众多共享经济模式中成功脱颖而出的两大企业。它们可以看成共享经济模式下的典型代表：消费者可以通过智能手机寻找到闲置资源供应方，而闲置资源所有者也可以找到新的交易需求方实现闲置资源的激活和盈利。但是，需求方和供应方之间的汽车使用权记录或者租赁记录则会记录在Uber，汽车所有权则由国家机构记录；需求方和供应方之间的房屋使用权记录或者租赁记录则会记录在Airbnb，房屋所有权则由国家机构记录。而且这些记录都集中在平台和国家机构，需要投入大量的文书工作和人力成本，其数据库需要大量的劳动来建立和维护。像Uber和Airbnb这样的平台，对于需求方和供应方来讲，起到的是“牵线搭桥”的中介作用，而真正的执行权依然掌握在Uber、Airbnb平台和国家机构手中。

然而，区块链的智能合约技术则可以让需求方和供应方之间直接对接，并且所有的交易在智能合约的作用下自动执行，而且能够将租赁、使用权让渡的交易记录到系统中，仅仅需要十几行计算机代码就可以履行原本当地档案室、法律和警察的职责。

这样，区块链就拥有了可信的相关政府机构的功能，无须花一分钱就能建立一个良好的、值得信赖的“机构”，而且还省去了给中间平台的服务费。这样基于区块链的汽车租赁、家庭租赁只牵扯到承租方和出租方，能很好地绕过Uber和Airbnb。

显然，区块链有能力通过低成本打造和操作平台，从而实现真正地去中心化的共享经济。共享经济虽然不直接生产商品，但它能够通过资源的重新配置产生新的价值，从而刺激新的消费需求。这也就意味着，挖掘出来的闲置资源，如闲置汽车、闲置房屋等能够产生的价值等同于新购买的汽车和新盖的房屋所体现出的价值，即都能实现出行和居住功能，而且前者又能在很大程度上节约产能，盘活原本在供应方手中看似没有价值的闲置资源，有效提升资源的利用率，达到社会资源供需匹配的目的。这正好符合供给侧改革强调的“从供给端发力，扩大有效供给”的思想。

而基于区块链的共享经济，在去中心化的基础上，使得人与人之间的供需交易变得更加直接、高效、可靠，能有效促进消费升级，推动产业结构以及生产关系的发展，更有效地推动供给侧改革的实现。

Smartshare是一家结合共享经济与区块链经济的公司，该公司的出现也给我们带来了一个新的概念，即“智能共享”。Smartshare实现智能共享的原理实际上包含两个方面：

一方面，资产数据化，交易自动执行。Smartshare是借助区块链技术和数字身份进行资产数字化，这样资源需求方通过选购数字化产品，而供应方则利用智能合约对具有共享属性和价值的闲置资产进行价值输出，让一切可以共享的资源实现价值共享。在智能合约技术下，区块链网络中的各个节点自然而然地从信息的记录者转化为交易的执行者，并且交易在自动执行的同时，还能有效降低价值交换成本。

另一方面，去中心化式的资源智能共享。Smartshare通过借助区块链引导每一件闲置资源相关联的需求方和供应方加入到资源共享的行列，实现共享经济中资源价值的去中心化，让真正的共享个体，包括需求方和供应方成为共享网络中的中心。

Smartshare区块链思维实现智能共享，是助力供给侧改革的典型案例。Smartshare在对传统的共享经济模式进行改革的过程中，较传统共享经济而言，主要有以下两个方面的优势：

第一，使共享经济迈向共生生态。

共享经济发展的最高阶段就是实现共生，构建共生生态。基于区块链思维而打造的智能共享，实际上就已经构建了一种共生生态系统。在这个系统中，每个共享资源端，即闲置资源的需求方和供应方都是一个自成长的节点，而并不是基于中心化机构或平台连接的两个点，更不会是让中心化平台汲取利润的末端。

第二，确保利益分配，创造了新的经济增长点。

Smartshare基于区块链打造的智能共享经济中，无论是个人、团体还是企业、组织、联盟，都可以作为参与者和分享者。所有的参与者和分享者都能够实现对个体资源的经营，并从中获益，实现价值交换，共同创造一个既能方便每位需求者使用资源或实现供应方资源的合理调配，又解决了信息不对称造成的闲置资源浪费，使得共享经济实现了良性循环。

总之，我们可以将区块链思维看作是一种通过借助生产关系的变革，实现供给侧改革的思维模式。也正是基于区块链的生产关系思维，为共享经济插上了腾飞的翅膀，让一切共享价值的物品或资源获得真正的价值回报，也必然给我们生活的世界带来全新的变化。

区块链思维是一种通证思维

区块链分为两个部分：一是区块链的底层技术，二是通证的经济生态。

1.什么是通证

通证翻译自“Token”。通常，我们将“Token”译作代币，其原意是指“令牌、信令”，即代表着权利，或者是权益证明。其实，所有的资产，其本质属性就是权利，如所有权、使用权、分红权等，我们拥有一定的资产，实际上是拥有其对应的权利。在区块链上进行交易的过程中，可以将所有交易记录在一个足够安全的可信账本上，而记账的过程就是一个权利划分的过程，区块链在这个过程中就提供了一个可信任、不可篡改的分布式账本，资产在这个过程中也以通证的形式呈现。因此，随着区块链的不断普及，未来货币的终极形态就是通证，一切资产都将实现通证化，以数字化通证的形式记录在区块链上。

2.通证的三要素

（1）数字权益证明

数字权益证明，也就意味着通证必须以数字形式存在的权益凭证，它代表的是一种权利，一种固有的内在价值。

（2）加密

加密，就意味着通证借助密码学，在隐私保护、保证真实性、防止篡改方面具有保障的能力。每一个通证都是有密码学保护的一份权利。这种保护与传统的法律、权威机构等相比，更具有可靠性。

（3）可流通

可流通，即通证在任何时间、任何地点都在一个一个网络中流动，并且可以对交易进行验证。

3.通证可以代表一切权益证明

通证可以代表一切权益证明，可以包括身份证明、学历证明、股票债券证明等所有与人类生活息息相关的权益证明。换句话说，人类社会的全部文明都可以认为是建立在权益证明基础之上，所有的账目、所有权、资格、证明等，都是权益证明。

4.通证是区块链最好的拍档

区块链在很大程度上能实现资产数字化，扩大数字资产的流通性，从而突破以往数字资产存在的边界，实现了跨边界的流转，这就是区块链的出现对数字资产的巨大影响。

数字资产能够保证流通，关键在于“值”和“证”。

这里的“值”，即“价值”。数字资产具有的最显著的特征就是流通性。区块链的出现，使得存在于区块链之上的数字资产有了更多的发展空间，在现实社会生产、生活的应用过程中也能产生很大的影响。因为区块链技术让数字资产的流动性大幅增加，使得数字资产以往流通的边界得以打通，实现跨边界流转。这正是区块链给数字资产带来的巨大价值。

杭州玖品醇实业有限公司成立于中国区块链先试先行的重点城市——

杭州。玖品醇与时俱进，拥抱区块链，是致力于区块链在实体企业中的先行先试者。

玖品醇联合海外酒庄、易晨贸易、扶上马股份、浙大趣链等企业，分阶段打造红酒产业链、物流链、商超链，真正把区块链溯源技术应用于实体经济，解决进口红酒的乱象，实现安全、健康品酒，大物流与社区服务的生态产业链闭环系统，让消费者买得放心，品得舒心，结果开心！

玖品醇作为一家区块链思维的应用者，实现了资产数字化，利用数字资产的流通性，突破了传统资产存在的边界。具体应用体现在玖品醇的通用积分方面。玖品醇的通用积分，简称JPCT，是基于区块链技术应用的公司数字资产，来源于无限量持续消费的算力。主要在食品、物流、服务等领域进行具体应用，JPCT通过企业结合区块链去中心化，不可篡改、分布式账本、共识机制等特点，打造创业者、消费者、员工、联盟企业等共同应用平台，形成一个具有区块链特有的JPCT生态应用圈。JPCT的增值是由玖品醇公司、联盟应用企业、投资人、消费者共同维护的价值共识。JPCT上线了大树区块链通用积分应用中心，在这里消费者可以通过购物累积的方式获得消费积分，这些积分以数字资产的形式存在。消费者可以用这些数字资产在玖品醇的线下实体店、线上商城等进行产品兑换，充分体现了数字资产的价值。

玖品醇将运用区块链技术、区块链通证思维重新定义未来，成为中国人高品位生活的摇篮！

这里所讲的“证”，即“证明”。由于数字资产是由一连串数字构成的，如果想让数字资产流通，首先就需要自证其存在性，保证可以识别、防止篡改。而这些都是区块链所具有的本质性特点。然而，区块链是当前的后台技术，通证则是当前的前台经济形态，虽然两者之间相互独立存在，但基于通证是权益证明，使得通证成为区块链最具特色的应用，也使得区块链更加有魅力。这也就意味着：

（1）区块链能够证明数字资产的存在性和真实性，因此才使得数字资产在大范围内实现流通成为可能。同时也表明，记账这一过程即权力划分的过程在区块链上以通证的形式存在。既然资产的本质是权利，而权利又可以安全、可信地以通证的形式记录在区块链上，而且具有不可篡改、高效流通、智能分账的特点，所以随着区块链时代的到来，未来货币的终极形式就是数字资产的通证化，一切资产终将以数字化、通证化的形式记录在区块链上。

（2）除了货币以外，一切生产要素和生产资料，包括资本、资产、劳动力等都可以以通证的形式被公平地记录在区块链上，从而形成一种通证经济，让所有生产要素都可以以通证的形式参与到一个经济体的运行中来。

（3）通证应用于区块链，则为区块链成为“信任机器”打下了坚实的基础，使得区块链中所有节点之间实现去信任成为可能。这一点对于以往任何中心化基础设施而言，都是难以实现的。

所以，通证在区块链的应用就是一个重大的创新，可以说通证思维是一种重要的区块链思维。当我们具有了通证思维的时候，我们就可以更好地将区块链技术应用于资产和资源配置的组织形态当中。

区块链思维是一种自组织思维

众所周知，生产力是推动人类社会不断进步的动力和源泉，在传统企业的商业体系中，企业为了提升生产效率会尽可能地创新管理制度和方法，从而推动现代企业制度管理学的诞生。但是在现行经济制度的基础上，现代管理学有一个根本的原则就是高度专业化、分工明细化。因为现代管理学在实现个体高度专业化分工和最大化生产效率的同时，使得个体本来所具备的创造潜力被埋没，因此个体沦为了被雇用者，必须按照资本要求的生产力发展。

随着互联网的出现和在各领域企业中的不断普及和渗透，伴随着信息的高效传播，个体发挥创造性和主观能动性的机会越来越多，路径越来越丰富，人们的主观意愿也越来越强烈，越来越不愿意在传统的管理体系下接受高度专业分工，所以在互联网时代的管理学主要要解决的问题就是如何平衡高度的专业分工所带来的个体创造性受到压抑以及个体发挥主观能动性的愿望难以满足之间的矛盾。在这个基础上，人们不得不自发地形成一个组织协作体系，简称自组织体系。在这个体系中，人们可以真正实现自我管理，真正实现自激励，并且可以通过改变激励方式实现自我迭代，形成组织的自我良性循环，实现人与人之间的自由合作，创造出一个自运转的经济联合体系，使得区块链企业家的智能发生了根本性变化。

1.自组织

自组织是成员自发组织而成，是自然界中的一种组织形式，也是当下企业的有效组织方式。管理大师德鲁克指出："组织不良最常见的病症，也就是最严重的病症，便是管理层次太多，组织结构一项基本原则是，尽量减少管理层次，尽量形成一条最短的指挥链。"随着互联网时代的到来，企业和用户之间的连接方式发生了改变，以往的生产驱动消费转变为用户驱动生产，企业根据用户的痛点来生产产品，提供服务，以满足用户需求，让企业发展长久不衰。

自组织理论认为自组织的构建需要三个要素：可以相互合作的个体、交流媒介和共同准则。区块链的底层是分布式网络，这种点对点的网络基础架构在互联网时代较为成熟。在此基础上，区块链的加密算法构建了透明且不可篡改的分布式账本体系。

在很多情况下，基于区块链的自组织企业或政府与传统的中心化企业或政府在运作的过程中更具效率，形成一种分布式商业，所有的组织机构都是非盈利的，没有股东，没有董事会，没有管理层，但整个企业中的交易、汇兑、支付等都不会出现坏账的情况。

2.区块链的自组织思维

追求自由和民主是人类发展史上永恒的主题，这体现在区块链技术在制度和文化层面所追求的两大目标，但这两个目标通过两种账本功能，或者两种账本现象来体现，第一个是交易，第二个是投票。交易最终以分布式的形式存储在账本中，而投票的最终目的就是达成一致的共识。

区块链时代的自组织形态是人类社会组织结构的有生命力的结构方

式，而区块链思维从一定程度上代表了共识机制的达成，正是一种去中心化的自组织思想。其实无论是区块链共识机制的达成，还是自组织内部规则的形成，其实都存在一个投票的过程，或者叫作实现民主的过程。而这里的投票工具，可以是算力，也可以是Token（代币），而达成的共识表现为工作量证明（PoW）或者股权证明机制（PoS）两种共识机制。工作量证明是用算力来投票，股权证明机制是用代币来投票。

区块链时代，是一种“自组织”形态，即没有中心化控制机构，可以实现自主组织和自主治理。区块链的自组织思想在一定程度上代表了区块链自身的发展方向。自组织思想一直贯穿在区块链当中，只有用自组织的思维去看待区块链，才能真正理解区块链的自购属性，才能更好地了解区块链各节点对一笔交易通过公式机制进行验证的过程。

3.区块链自组织思维的应用

区块链自组织思维的应用可以在三个方面发挥其重要作用：

（1）实现真正的共享经济

前文中也提到，当前共享经济下的共享项目，如共享单车、共享充电宝，其实本质上都是一种分时租赁，不能算是真正实现“共享”。真正能够通过颠覆供给侧而提升效率的项目，如Uber、Airbnb等，却是典型的中心化平台，并且从中抽取了过多的利益。如何才能将原本属于用户的利益还给用户，同时还能通过有效的激励方式来提升用户体验？自组织和加密经济学可以起到至关重要的作用。

举个简单的例子。以公共池塘资源的利用为例。公共池塘资源与一般的公共资源有所不同，是指难以排他，但又具有竞争性的资源。我们知道，太阳光是不具排他性和竞争性的公共资源，个体是无法阻止他人获得太阳光资源的权利的，同时个体获取阳光资源并不会对他人的利益造成损害。但近海渔场、森林木材等公共池塘资源，则又与阳光资源大不相同，这些资源的消耗会给他人带来竞争压力。目前有效的解决办法就是政府和市场两条路，加强政府监管和私有化。诺贝尔经济学奖获得者Elinor Ostrom正在通过许多案例证明，构建自组织能够更有效地管理公共池塘资源。应用区块链技术让那些公共池塘资源上链，再加上适当的激励机制，能够更好地经营社区和资源。

（2）物品、资产跟踪和自检

区块链自组织思维可以用于物品、资产的跟踪和自检。借助区块链自组织思维模式，可以打造供应链、资金链，将与物品、资产相关的企业作为供应链或资金链的节点，这样，每个节点所产生的有关数据都记录在区块链上，且是公开透明、不可篡改的。这样，无论哪个环节出现了问题，都可以通过追溯的方式找到问题所在，能有效保证物品、资产的安全性。

总之，区块链自组织思维的重要作用不可忽视，如果能妥善应用，将为我们带来更加美好的生活前景。

区块链思维是一种共赢思维

法国哲学家帕斯卡说过：“人只不过是一根芦苇，是自然界最脆弱的东西。之所以我们人类能打败各种比我们强大得多的野兽，最终在自然界崛起，很大程度上靠的就是人与人之间形成了集体，一块协作共赢。”

在人类社会早期，人与人之间以助人为乐的方式共同协作。将人类发展史推进到现代，股份制的出现，成了新的协作形式，帮助人类实现协作共赢。人们认为股份制在人类历史中，在很长一段时间里是一种十分先进的协作机制。股份制是将分散的资本集中起来经营，形成资本积聚，充分发挥社会资本的力量，共同推动生产力的发展和进步。

股份制最早出现在大航海时代，当时西班牙人、葡萄牙人、英国人都乘船去冒险，但是每个人却因为资金短缺问题，凭一己之力难以完成冒险目标。于是大家一起凑钱，成立了股份公司，每次出海探险回来后，就按照股份来分配利润。这在当时人们眼中，显然是一种很好的共赢方式。

然而，这种股份制发展到今天，已经演变为强制企业将获取利润作为主要目标，强制市场将利润作为评估企业成败的标杆，从而使得股份制逐渐变得“畸形”。显然，股份制已经落伍了，不再是实现共赢的最好机制。

区块链的出现为我们设计了一种很好的共赢机制，把企业的所有员工、用户、供应商等成员全部绑定在区块链这条船上。在区块链的共赢机制下，每个人在这条船上都是平等的，能极大地激发每个人的主观能动性，实现共同创富。这与以往的股份制相比，是从本质上实现了提升。

其实，互联网思维的本质是用户，而区块链思维的本质就是实现共赢。这一点如何解释呢?

所谓51%攻击，实际上就是51%的破坏性攻击。换句话说，就是指掌握了区块链全网的51%算力。一旦51%攻击发生，就会破坏区块链去中心化的特性，同时也让网络处在几种攻击风险之下，例如自私挖矿、取消所有转账，双花以及随机分叉。在传统的中心化网络中，对一个中心节点实行攻击即可破坏整个系统，而在一个去中心化的区块链网络中，攻击单个节点无法控制或破坏整个网络，掌握网内超过51%的节点只是获得控制权的开始而已。

那么51%攻击该如何理解呢？所谓51%攻击，实际上就是51%的破坏性攻击。那么为何为51%，而不是50%，或者60%甚至更高呢？举个简单的例子。

全村共有102人进行村长选举。老张和老李是村里各方面口碑都很好的村民，为此，有人表示支持老张，有人则表示支持老李。一时间，大家为了谁来当村长的问题而争执不下，于是有人提议通过投票选举的方式来决定。除了老张和老李，剩下的100人都有投票权。当投票结果出来之后，如果老张和老李都获得了50人的支持，那么两人依然难分胜负；只要双方的支持者中有一人站出来成为另一方的支持者，即一方的支持者为49

人，而另一方的支持者为51人，那么谁当村长就一目了然。也就是说，无论老张还是老李，如果有超过半数以上的人支持，即获得≧51%以上的支持者就可以当村长。

也就是说，只有全网中达到≧51%以上的算力，攻击才能取得成功，60%甚至更高的算力，则更容易成功。

然而，51%的算力要想攻击成功，是需要具备一定的条件的：

1.矿池算力足够强大

矿池算力足够强大，这一点是比较容易理解的，当算力十分强大并达到51%甚至以上时，攻击自然会取得成功。

2.拥有超乎想象的雄厚资本

我们常说的一句流行话叫做“贫穷限制了我们的想象”，所以，如果我们拥有超乎想象的雄厚资本，就可以购买到足够多的矿机设备，并借助矿机设备去接管绝大多数，甚至是整个区块链网络，当这个接管的数量超过整个区块链所有网络节点的51%的时候，就可以发动攻击。

但实际上这样做工程十分浩大，不易实现，没有可行性。因为当整个区块链系统的节点数量高达成千上万个，甚至数十万个的时候，那么篡改数据的可能性就会大大降低。因为这些节点很可能分布在世界上每一个角落，理论上讲，除非你能控制世界上大多数电脑，否则你就没有机会去篡改区块链上的数据，无法达成篡改目标。另外，区块链上的节点越多，攻击者所付出的成本也越大，所以对分布式账本进行随意篡改是极其困难的。

所以，区块链的出现使得51%攻击实现起来极为不易，保证了区块链上的所有员工、用户、供应商等的利益都不受损失，实现了共赢。这个世界上，创富是大家付诸行动的最终目标。在区块链的共赢机制下，每个人在区块链这条船上都是平等的，极大地激发了每个人的主观能动性，实现共同创富。这与以往的股份制相比，是从本质上实现了提升。

所以，未来，共赢思维将成为区块链重要的思维方式，股份制将会被区块链商业模式所代替，并且在区块链共赢思维下，最终生成一套共赢的生态体系——命运共同体。

区块链思维是一种社群思维

随着区块链概念在普罗大众中不断升温，区块链思维也被越来越多的人提及。区块链技术目前的发展水平和场景应用，使各个领域乘着区块链之风有了更好的发展前景。区块链已经不单是一种改变人类生产关系的底层技术，更是一种思维，是一种推动各领域向着更好的前景发展的思维。然而，区块链技术的核心精神就是社群思维。为什么这么说呢？

1.传统社群

社群是由一些具备相同爱好、需求的人聚在一起，他们有一致的行为目标和行为规范。社群实现的是地区性的生活共同体和社会关系。社群是从社区发展而来的，与社区相比，更加突出的是内部成员之间的交流、分工协作和相近兴趣，更多强调的是成员之间的互动，从而形成较为强烈的社群感情。社区更多强调的是空间，而社群更多强调的则是人，社群成员的聚集可以不受时间和空间的限制。

在社群中每个成员都是一个中心点，大家都可以利用自己的碎片化时间做大家感兴趣的同一件事情。所以，社群经济强调的是去中心化。

以产品供应链为例，一款产品从设计到生产、包装、传播、运输等环节，社群成员都参与其中，为了共同的利益目标而努力。社群最大程度上解放了人们的信息获取能力和参与空间，人人拥有话语权和执行能力，能更大地满足个体的心理需求。另外，用户也成为社群中的一员，用户加入供应链，可以深入参与到产品的设计和开发过程中，可以充分挖掘用户的智慧和参与积极性。

2.区块链社群

区块链社群成员因为利益关系所以让传统社群有了灵魂。如果没有社群属性的存在，就不会有数字货币的价值，是社群中所有人的共识和信任才形成了数字货币的价值。因为，对于以区块链技术为基础的数字货币来说，社群和用户的价值非比寻常，使用的用户越多，数字货币的价值才会越高。

区块链社群中的用户既是使用者，也是经营者。但是往往用户并不能合理的认清自己的身份，仍然需要社群运营人员加以维护。社群只是区块链的载体，最重要的其实是共识，没有共识的区块链就没有灵魂。

现在很多区块链项目也都在开始发展自己的社群，那如何才能让自己打造的区块链社群能够脱颖而出，占据一个靠前的位置呢？如何才能建立一个活跃度高、价值高、用户参与度高、规模庞大的一个社群呢？

1.建立区块链社群

在建立区块链社群之前，首先要定义目标群体：不管是代币发行的平台还是交易所，第一步要做的就是发展一批有共同爱好的人群，比如说平台官方交流群，币圈爱好者交流群等等。定义好目标群体后，接下来需要开始思考通过什么途径寻找到第一批用户，在贴吧，论坛等等地方投放相应的拉新海报，吸引相同爱好的群体。由于微信群人数满100人之后，无法继续扫码进群的相关限制条件，因此需要用一些科技手段来克服这一点。

2.种子用户的发展、留存与转化

一个社群是需要不断提升活跃度的，可以通过宣传拉新等活动来实现。在活动的预热和进行期间，群内的讨论话题和日常交流大多会以活动内容为中心发散，把大家的关注度都聚焦过来。让社群内的种子用户留存下来，再通过一定的运营手段，实现种子用户的转化。我们同样可以通过相关社群管理工具，快速查看社群成员的活跃率，分析哪些用户是符合我们社群的优质用户，哪个时间点是社群最活跃的时间等等，便于对区块链社群进行精细化管理。

我们可以总结出区块链社群的特点：

（1）去中心化的运营管理

区块链社群内人人都可以邀请好友加入，社群内多个群主，即实现了多中心化或去中心化，没有中心群主，群内成员积极参与群内管理工作，行使管理权限。

（2）群成员点对点地位平等

区块链社群内所有成员都是平等的，大家人人可以发言和分享自己的观点。

（3）免信任的群中心关系

在区块链社群中，不存在权威人员，人人都是权威，人人都可信，人人也都是见证者。在区块链社群中，社群成员之间是一种免信任关系，每个人都可以看作一个小小的中心，即你中有我，我中有你，大家互相监督，并共同促进社群的发展。

3.区块链社群思维

有人说区块链是一种信仰，区块链技术重塑或者重构了一种技术性的信仰，让大家找到了一种共识，并通过共同的规则使区块链中所有的环节实现价值的合理分配。这就是区块链社群形成的本质。换句话说，区块链的共识源于社群，没有社群就没有共识，只有人人共识，才能达成一个真正的区块链项目，否则区块链项目就没有任何价值。这也正是区块链社群思维的价值导向。

4.区块链社群思维运营

任何一种思维模式，只有得到真正的应用，才能体现其价值。在区块链项目运营中，社群思维的作用功不可没。基于区块链的社群思维，使得各产业主体、各关联企业、各类用户和投资人能够紧密连接在一起，积极推动商业创新，使得区块链行业焕发出无限生机。

那么具体如何借助区块链社群思维进行区块链项目运营呢?

第一步：定位区块链社群。

借助区块链社群思维进行区块链项目运营，首先要对社群做一个清晰的定位，需要知道自己的用户群是谁，和自己的业务有哪些关联。

3分钟区块链社群号称“区块链第一社群”“1万亿市值社群”，在3分钟区块链社群中有500人，其中几乎囊括了国内区块链行业的所有大咖。其在2018年4月创建的“3点钟学院”，更是专注于区块链教育领域，是教育领域的区块链社群，吸收的社群成员都与教育有着紧密的关联。

区块链社群用户不同，其定位也有所不同，只有找到清晰的定位，才能精准吸引用户。

第二步：提升种子用户转化率。

进行区块链社群成员定位，只是区块链社群运营万里长征的第一步，让种子用户能够存留下来更重要，否则前期工作等于白费。可以对种子用户进行分析，找出哪些是符合社群的优质用户，并且明确哪个时间点是社群成员最活跃的时候，这样有利于对社群进行精细化管理，将社群成员牢牢套住，这样提升社群成员黏性的同时，也就实现了用户转化率的提升。

第三步：培养区块链铁杆粉丝。

将种子用户转化为社群成员后，接下来最重要的就是培养和聚拢区块链铁杆粉丝。一个社群的活跃度往往是有周期的，表现为前期强烈，后期冷漠。所以要想保持这种活跃度就需要进行刺激，而刺激的方法就是举办一些活动，通过活动可以宣传拉新，增加社群活跃度。在活动预热期间，群内的讨论话题和日常交流大多是围绕区块链项目的相关内容展开的，这样一步步把社群成员的关注度聚焦过来，并将其培养为区块链的铁杆粉丝。

第四步：优质区块链内容输出。

区块链社群成员有相同的兴趣和爱好，有共同的话题和目标，作为一个优秀的区块链社群自然需要有与众不同的内容，千篇一律的内容必将难以引起成员的参与热情，将会是一潭死寂的湖水。要想让区块链内容实现多样化、优质化，就需要让用户对以下几方面有清晰的认知：

■区块链是什么？

■区块链会带来哪些改变？

■区块链与自己有什么关联？

■区块链项目有什么特殊？

■加入该区块链项目有什么好处？

■加入该区块链的资质是什么？

■加入该区块链可以获得何种好处？

■该区块链项目风险如何规避？

这些问题都是用户所关心的，所以区块链社群的内容应当围绕这些方面构建。

第五步：构建区块链激励机制。

所谓“重赏之下必有勇夫”。在区块链社群中，可以通过日常签到、发放红包、积分赠送等方式对社群成员进行奖励，让成员的行为和区块链项目运作结合起来，通过不同的激励方式，激活社群成员参与区块链项目运作的积极性。

区块链社群运作已经成了区块链行业的标配，区块链项目如果能充分借助社群思维进行运营，区块链项目就会流光溢彩。

第三章

分布式的
区块链思维

有人认为区块链是基于价值的下一代互联网，即价值互联网，是互联网的进化和升级后的新版本。很多人都坚信，区块链就是未来，是互联网的真实显现，是回归互联网本来意义的唯一希望。在这场区块链革命下，不但社会生产关系的变革比互联网带给我们的惊喜更加超乎我们的想象，而且分布式成为最鲜明的特点，使得最有效、最实用的价值实现了透明化，实现了点对点的传播，且每一次交易都被分布式记录、存储、验证。因此，基于这一特点，使得这种分布式思维也成为区块链思维之一。

区块链的分布式记账问题

区块链无疑是当前一场巨大的改变商业社会的革命。目前，绝大多数人对区块链的理解仅仅站在技术的角度去挖掘区块链所蕴含的巨大价值，认为区块链是一种去中心化和去信任的数据记账技术，但这种技术绝不仅限于去中心化、去信任，更进一步说它是一种全新的、分布式的记账方式。

以往的复式记账方式为资本主义的发展奠定了一定的基础，区块链的分布式记账方式将是对传统复式记账方式的革新，将会为社会带来更加巨大的变革。这正是区块链存在的最终意义所在。

在原始社会时期，人们之间进行简单的物物交换，这是最早的交易形式，这个时期对收入和支出的记账主要凭借自己大脑的记忆力来实现。然而，随着交易次数的频繁和交易数额越来越大，人的大脑已经不能完全胜任这样复杂、烦琐的记账工作，再加上生产力的不断提高，人们手中就有了一些结余的东西，人们发明了两种简单的记账方法：简单刻记和直观图绘。后来，由于记录数量的进一步增多、规模的进一步增大，简单的刻画方式已经无法满足现实的记账需求，此时就出现了“结绳记事”，原始人通过这种“结绳记事”的方法对经济事项进行计量和记录，这也为后来的账簿记录方式的出现奠定了基础。到了原始社会末期，体现人类文明与智慧的伟大发明——文字出现以后，人们开始使用文字记录，这样既便捷，又能够将往来的账目按照时间顺序进行记录。

到了公元前5世纪，一种按照时间、人名、货币设置的类似于账户的账本出现了，该种记账方式就是单式记账法。此后，随着人们生活方式变得越来越复杂，加上商业形式的不断丰富，单式记账法已经不足以完成复杂的账目需求。所以，就出现了复式记账法。然而，复式记账法也存在一定的缺点，不能对所获利润的多少进行计算。

随着时代的不断发展，出现了第三方记账机构，如银行，而会计成为重要的职位。由于人为参与记账过程，所以很有可能出现工作人员渎职或操作失误而导致账目出错的情况。为了解决这个问题，就引出了分布式记账方式。

区块链本身是一个去中心化的分布式账本，其记账方式即为分布式记账方式。那么这个去中心化的分布式记账方式的具体原理是什么呢？分布式记账方法的特点是什么呢？

1.分布式记账原理

分布式记账是一个基于密码学的安全记账方式，其交易记账并不是像传统的中心化机构记账方式，而是由分布在区块链上不同地方的多个节点共同完成，而且每个节点都记录了完整的账目，因此进行记账的每个节点都可以参与监督交易合法性，同时也可以共同为其作证。而在分布式账本中存储的资产实际上是一些在金融或法律基础上定义的实体或电子形式的资产。为此，在账本中任何形式的资产都会为了维护安全性和准确性而受到一定的访问限制。这样，只有通过公钥或者签名的方法才能获得账本的访问权和掌控权，即将公钥或者签名作为一种密码对分布式账本的安全性和准确性进行保护和维护。

在区块链网络中，任何一个节点上的参与者都可以获得一个唯一的真实账本的副本，如果账本里出现任何更改都会在账本的副本中反映出来，而且这种反映往往在短时间内就能显现出来，通常只需要几秒或者几分钟即可实现。所以，要想对分布式账本进行随意更改并非易事。当然，更改账本中所记录的内容也并不是一定不能实现的。如果在整个网络中所有的节点都达成统一的共识，那么在这个基础上，账本中所记录的内容才可以由一个人、一些人或者所有的参与者共同进行更改。换句话说，区块链上的每个参与者都可以成为这个分布式账本的证人，共同为账本作证，只有所有参与者共同达成共识，才能对整个账本中的内容进行彻底更改。

区块链的分布式账本技术使得区块链本身呈现出区别于传统账本诸多无法比拟的优势，使得区块链能够拥有广泛的应用空间。

2.分布式记账特点

区块链的分布式记账方法与传统的存储有所不同，主要体现在以下几个方面。

（1）参与节点彼此之间基于信任而存储完整数据

传统的存储方法通常是将数据按照一定的规则分成多份进行存储。

区块链的分布式记账方式是由区块链上各个节点共同记录交易信息，并照块链式结构（块链式数据结构：是指在一定时间内发生的事务处理以区块为单位进行存储，并以密码学算法将区块按时间先后顺序连接成链条的一种数据结构）存储完整的数据。基于这一点，区块链的分布式记账方式有助于众多节点对所记录的数据进行共同监督和共同维护，这样就方便对数据的准确性进行验证。总而言之，就是所有参与记账的节点可以共同为账本作证。

（2）每个节点存储都是独立的、地位等同的

传统的记账方式一般是通过中心节点往其他备份节点同步数据。

区块链的分布式记账方式中每个节点都是平等、公平的，即便不存在中心结构做信任背书，也可以依靠共识机制建立起信任关系，并且保证所存储数据的一致性，实现同时、同步数据备份。

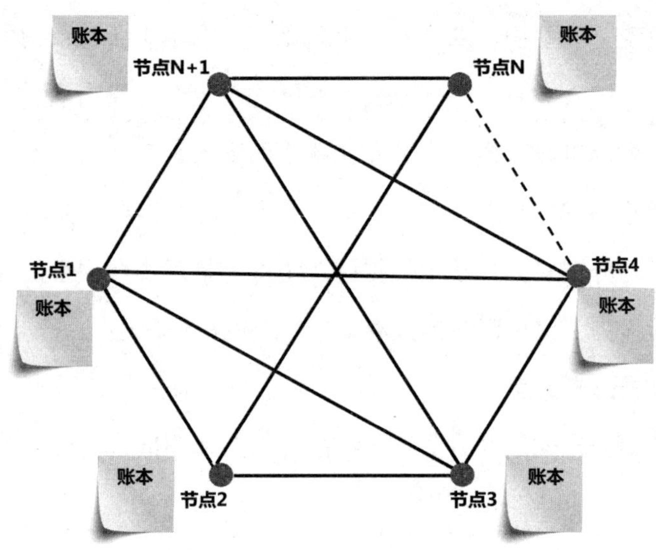

图3-1　区块链的分布式记账

（3）存出资产所有权

传统的记账方式，往往绝大多数的交易数据都掌握在中心节点手中。

区块链的分布式记账方式，没有一个节点可以单独记账，从而避免了单一记账人被控制或被贿赂而记假账的可能性，也由于记账节点数量足够多，在理论上讲，除非所有节点上所记录的交易数据都被破坏或篡改，否则账目就不会出现丢失的情况，从而保证账目数据的安全性。

总之，区块链的分布式记账方式的特点除了以上三点以外，其本质上

是一种全民参与记账的方式，区块链系统中，每个人都有机会参与记账。

举个简单的例子。传统的记账方式往往是谁的系统谁进行记账，各个银行的账本是由银行进行记账的，支付宝的账本是由阿里巴巴进行记账的。而区块链则不同。假设A借给B100元，这样在A与B之间发生的借款事宜不仅仅A和B双方知道，而路人甲乙丙丁也都知道此事。这就是区块链分布式记账的特点。

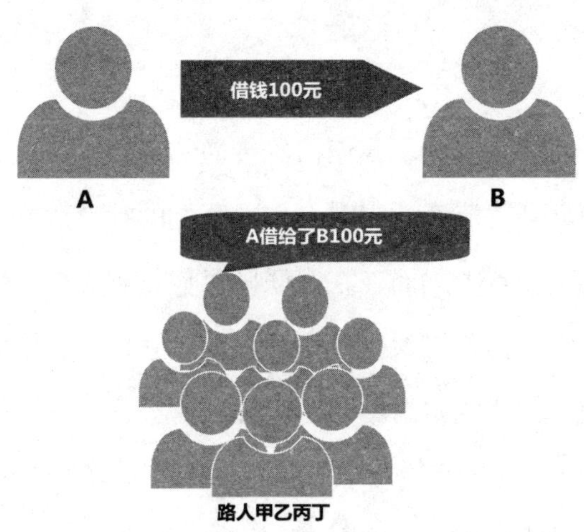

图3-2 区块链的分布式记账

在区块链的分布式记账方式中，一段时间内如果有新的交易数据产生，系统中每个人都可以进行记账，然而系统会评判这段时间内记账最快最好的人，将其记录的内容写到账本中，并将这段时间内产生的账本内容发给系统中所有的其他人进行备份，这样系统中每个节点所持有的账本数据都完全一致，同时也保证了账本中所记录数据的安全性。

改变了主体信任机制

当今社会，互联网改变了我们信息传递的方式，改变了我们所生活的世界，实现了信息高效流通的同时，使得我们的社交、娱乐等方式呈现出与以往截然不同的特点。然而，在互联网时代，有三个问题是我们不得不面对的，也是我们不得不寻找方法来解决的，它们是：隐私安全的问题、造假严重的问题、信任成本高的问题。

由于互联网上经常有病毒、黑客攻击网络，欺诈、造假现象也给互联网用户造成了极大的损失。这些久而久之在无形中给人们之间建立起了一种不信任感，从而使得信任建立和维护成本十分高昂，成了互联网的负累。

为了解决这一问题，互联网通过借助中心化机构的力量为人们建立一种信任关系，比如支付宝作为一个基于信任的中心化机构出现在人们的生活中。但是这种中心化机构往往十分脆弱，容易受到攻击，存在单点故障的隐患。除此之外，中心化机构往往“独揽大权”，在公平性和客观独立性方面存在很大的弊端。更重要的是，对于用户而言，基于这些中心化机构建立和维护信任的成本也是非常高昂的。

我们通常判断交易方是否值得信任，或者信任度有多高，是通过口碑的方式，包括公众评价或者过往的交易记录，根据其所产生的信誉来判断交易方的履约概率。例如淘宝平台上店铺的信用评级，这是广大买家与卖家之间信任关系的依据。

但是，这些口碑仅仅能够代表过去，并不能预见未来将要发生的情况，而且互联网也没有行之有效的举措或方法去防范刷单行为。可见，互联网在建立信任机制方面还是有一定的局限性。所以，在这种情况下，就需要重新寻找一定的方式和方法来解决人与人之间的信任问题。在现实生活中，像银行、支付宝等信用中介，是需要广大用户为这些中介机构付出高昂的信用成本费用的。

区块链技术的核心就是所有的节点参与者之间都是分布式排列的，大家共同维护交易的正常进行，维护交易数据的安全性和完整性、一致性。然而，能够实现这种分布式记账的关键在于其不存在中心化机构，即具有去中心化的特点。

显然，区块链技术就是为“去中心化”而生，换句话说，区块链技术的核心就是用“一堆个体”来替代“中心”。区块链的出现，其去中心化的特点正好弥补了“中心化”在应用过程中可能出现的信任问题。

举个简单的例子。当我们去一家珠宝店时，店内推销人员会非常热情地向我们推荐一款珠宝产品，但无论推销员如何卖力地解说，如何赞美产品的价值，即便附上了珠宝鉴定书，但我们依旧不会为之动心。因为我们并不会对一个陌生人介绍的产品完全信赖，另外，一张简单的证明并不能说明产品的真实性，出现伪造的情况也极有可能。因此，由于信任的缺失，并不足以让我们为这款产品买单。所以我们很多时候选择让人们信赖的中间平台或中间机构做背书，如唯品会的宣传口号是“正品特卖，假一赔十”，这就让人们对其信赖有加，而我们因为信任平台或机构而信任了产品。但这样对于珠宝店而言，需要向平台缴纳高昂的服务费，而买家也需要为此付出运输成本和时间成本。

区块链在重构的是一个信用社会，即用理性的技术，解决人性中的不信任问题。区块链的这种信任关系的建立得以实现，其原理是：信息在时空上被标记，从一个区块打包传递到另一个区块，并被无限全套复制传播到网络的所有节点，从而让信息无处不在。这种“去中心化”的设计，让单纯的互联网信息传递变得更有价值，进而构建出“信任”网络。因此，可以说，基于区块链的分布式思维改变了主体信任机制，构造了一个信任机器，而彻底改变人类社会价值传递的方式。

在珠宝行业中，特艺城是一家专门研究区块链技术应用的珠宝创新零售应用平台，该平台借助区块链技术，使得珠宝与人之间产生信用，从而建立起了信任机制，保障了企业运行效率的高效性。

传统珠宝行业中，生产流程不能做到透明化，使得消费者买得不放心，用得不舒心；同时也使得珠宝产品交易后遭受调换的情况时有发生，使商家遭受损失。特艺城使用区块链技术后，将产品的生产过程记录在平台上，而且每个产品都具有独一无二的身份标签，数据一旦被验证确认之后就不可以篡改，随时可查询。对于消费者而言，能够清楚地了解到产品的生产过程；对于商家而言，可以利用数据来反向验证产品的真实性，防止伪劣产品鱼目混珠。另外，参与产品监控和监管方也可以实时进行产品检测，避免欺诈行为的发生，有利于在珠宝商家和消费者之间建立起坚不可摧的信任关系。

珠宝行业本身就是一个注重体验的高消费市场，消费者更加希望增加产品的透明度。而特艺城已然成了当下借助区块链技术提高产品透明度、提升自身信誉度的创新性典范，成了助推珠宝行业快速发展的助推器。

可见，特艺城正是充分认识到区块链这种能够彻底改变主体信任机制的分布式思维，让每件产品都具有独有的“DNA”，能够确保每件产品的真实性，让消费者消除疑虑，让商家和消费者越过传统的用于进行信任背书的中间机构，建立起真正的信任关系，提升交易效率的同时，更让欺诈行为远离交易。

群体的力量与个体价值的最大化

区块链具有去中心化特点，基于这一点，区块链上所有的节点都是平等、公平地分布在区块链网络结构中，这些节点享有相同的权利，也需要履行相同的义务，同步存储相同的交易数据，并且每个节点都达成相同的共识，大家共同肩负着交易数据的存储工作、验证工作，共同维护数据的安全性、一致性、完整性。

基于这一点，在区块链的分布式思维下，所有节点形成了一个分布式的组织，进行分布式协作，能够体现出来的是群体的力量和个体价值的最大化。

1.群体的力量

动物界通常在寒冷的冬季会呈现出群体抱团取暖的一幕，这体现的是动物界的群体智慧。它们知道独自待着是很容易被冻死的，只有大家共同抱团才能相互取暖，度过严寒的冬天。动物犹如此，人类则更懂得这种数量的作用，并善于利用这种群体的智慧。

这里讲动物界的抱团取暖，主要是想要通过动物界的去中心化、分布式抱团协作取暖思维来引出区块链的分布式思维。区块链的分布式思维，会使得人类能够将群体的力量发挥到极致。

区块链的分布式思维下，每个节点共同协作、共同捍卫区块链账本中所记录数据内容的安全性、一致性、完整性，即便有篡改者想要篡改账本中记录的数据内容，也需要对至少超过半数以上的节点存储的数据进行篡改，才能真正达到篡改的目的，然而这一点是极难实现的。另外，要想使超过半数的节点进行篡改，是需要篡改者付出极高代价的，这样往往会令篡改者得不偿失，失去篡改的价值。这正是体现了区块链中分布的各个节点形成的群体所具有的巨大力量。

这里我们还以前文中A借给B100元为例。当所有路人甲乙丙丁都知道A借给B100元这件事情之后，如果B对借款的事情赖账，就需要买通路人甲乙丙丁中超过半数的人帮他作伪证，而这样的代价实在是太大了。显然，为了赖100元，反而花费很多资金用于买通诸多路人，实在是得不偿失，这样即便实现了篡改，也终究毫无意义。

2.个体价值的最大化

在动物抱团取暖的过程中还存在一个问题，那就是处于抱团中心的个体，自然是温暖无比，而最外围的个体则依旧需要忍受刺骨严寒。如果里面的动物不出来换岗怎么办？动物界在抱团取暖的过程中，每个动物都是平等的，大家遵循一套自动轮流换岗制度，这样它们就能保证谁也不被冻死，能够安然度过整个冬天。所以，动物抱团取暖中每个协作个体的价值是不可忽视的。

回归到我们人类现实世界，当前互联网的高度中心化加剧了信息的不对称、资源分布的不对称、资本分布的不对称，使得绝大多数信息、资源、资产掌握在少数人手中，贫富差距进一步加大。区块链凭借去中心化的特点，完全可以实现分布式自治和分布式协作，构成全新的组织形态。这种协作方式可以导致个体的价值被充分确认和激励，从而最大化地将个体价值放大。

举个简单的例子。有一个村子，平时村里有什么事情，都是大家共同商议后才做决定。一天，村长召集全村人一起商量决定下月旅游的目的地是泰国还是缅甸。以往，大家都是通过投票的方式来决定，但是有人并不想出国旅游，或者没时间出去旅游，就会把自己的一票送给别人，这样就使得投票结果不具备公平性，那些想出去旅游的人中会有很多人没有实现自己去喜欢的国家旅游的愿望。

为了解决这个问题，村长提议，对本次旅游地点拍板的方法进行创新，即用拔河的方式来一决高下。于是想去泰国和想去缅甸的人各分两组进行拔河。这样，出力多的一方自然就实现了自己的愿望，而出力少的人自然也就无话可说。

显然，想去泰国和缅甸的人，各自组织起来，共同出力协作，最大限度地使出自己的力气，为实现自己心目中的旅游愿望而努力，而去自己喜欢的国家旅游也正是证明自己价值，并且激励自己奋力赢得比赛的动力。

这种动力是一个区块链生态是否有价值、是否能够繁荣起来的根本。

类似于动物界抱团取暖的每个个体是否能够尽自己最大的力量，保证每个“团员”都能平安度过严寒的根本。所以，分布式思维是区块链时代组织、治理和协作的重要思维方式。

去中心化成为不可逆的趋势

当前，我们所生活的世界正在逐渐从中心化走向去中心化。这一转变是时代不断发展的结果，而不是选择的结果。随着时代的发展，经历了中心化时代的个体不断觉醒，以及其权威的不断崩塌，使他们越来越意识到去中心化对于其自身利益的重要性，所以推动了去中心化的嫩芽得以萌发和成长。这也是出现分布式自治组织和分布式商业的原因之一。

然而，中心化是不会自动退出历史舞台，或者自动消亡的。当前，诸多领域依然是以中心化的形式而存在，如支付宝是中心化的、京东是中心化的、银行是中心化的……显而易见，如果没有国家信用背书，社会秩序很难维护。信用成为整个社会安定的基石。所以，在新的信用基石没有诞生之时，旧有的信用基石是断然不可以毁掉的。

区块链是一种去中心化的“信任机器”，在区块链中所记录的数据是可信的、可追溯的，并且分布式存储，显然是最好的、天然的信用基石。

1.什么是去中心化

那么，究竟什么是去中心化呢？前面我们在讲到区块链的四个特点中就提到了“去中心化”，这里我们对去中心化进行详细阐述。在一个网络系统中，或者是社会生态中分布了诸多节点，这些节点都具有高度自治的特点，且每个节点是一个单独的个体，也可以成为阶段性的中心，但并不具备中心化控制的能力。节点与节点之间彼此自由连接，通过网络的形式形成新的单元。这种开放式、扁平化、平等性的系统结构，就是去中心化系统。

用通俗的方式来讲，去中心化实际上就是分布式成长的结果。如果我们将整个世界想象成由无数个独立的个体构成，最初的时候，这些个体之间并没有实现“联网”，但是为了彼此之间能够更好地沟通，就形成了一个大的中心，这就是一个中心化网络。随着时代的不断向前发展，很多原本没有关联的个体之间直接跳过中心化网络就能实现联络，这样一个分布式网络就逐渐构建和形成。这个过程中，某一独立的个体就成为一个“小中心”，这样，一个个小中心不断浮现，就形成了所谓的“去中心化”，而区块链中去中心化的实质就是P2P网络。

举个例子。中心化其实就相当于一场研讨会上请来了几位嘉宾去阐述他们的话题，这个会议围绕嘉宾开出的话题内容进行讨论。通常而言，会议参与者们是和嘉宾进行问答式沟通，而不会直接和其他的与会者共同进行一对一的沟通。

去中心化则相当于将这个研讨会变成了一个英语角。在英语角，每个参与者都可以找其他任何一个参与者进行沟通，发表自己的见解和看法。而英语角中这种点对点沟通的模式就称为点对点架构（P2P网络架构）。所以，区块链中的去中心化实质上就是P2P网络。

2.区块链的去中心化

区块链本身就是一个以去中心化为特点的分布式账本数据库。在这个数据库中存储了大量交易数据，而这个数据库是用一串密码学相关联所产生的数据块组合而成，每个数据块即一个区块。每个区块生成时，都会自动加盖时间戳，并被附上唯一的数值。简言之，这些按照时间顺序排列形成的数据块相链接而成的就是区块链。

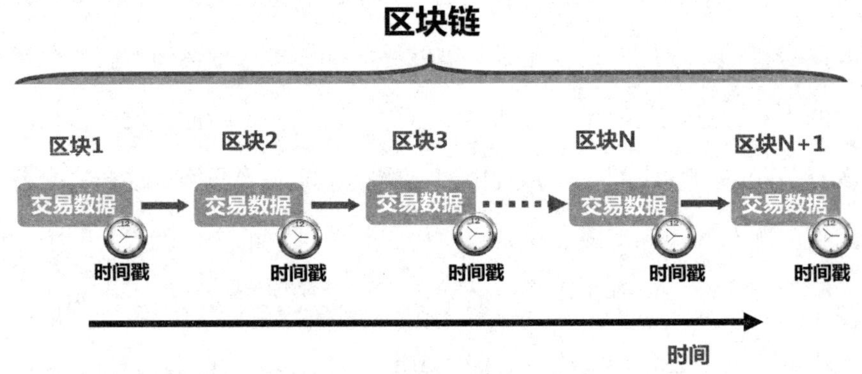

图3–3　区块链的区块组成

在区块链世界里，去中心化成为区块链最突出的一个特点。因为区块链系统本身就是由大量节点共同组成的一个点对点的网络，本身就不存在中心的硬件或管理机构，任何一个节点的权利和义务都是均等的，系统中的数据块由整个系统中具有维护功能的节点共同维护，从而区块链不需要依靠于中央处理节点，就能实现数据的分布式存储、记录和更新。去中心化的系统还有一个专业的词汇，叫作“分布式自制系统”。

在区块链中有一个统一的规则，该规则即是基于密码算法而不是借助信用证书，区块链中所存储的数据要想更新，必须经过每位节点用户批准后才能实现，这一规则就为区块链不需要中介与信任机构背书奠定了基础。

3.为何要去中心化

去中心化是区块链技术的典型特点之一，能够满足存储数据规模不断增加的需求。具体来说，区块链的去中心化产生的原因主要有以下几个方面：

（1）解决容错性问题

去中心化系统中任意一个节点所存储的数据被损坏或者失去，都不会影响整个系统的运作。因为这个系统依赖于许多独立的分布式个体的独立工作，其容错能力更强。

（2）抗攻击

如果有人对去中心化系统进行攻击，其需要花费的攻击成本相比于中心化系统更高。攻击中心会使整个系统瘫痪，而去中心化系统则对其中一个或几个节点攻击，并不会影响整个系统。从经济效益来考虑，这实际上是抢劫一个房子和抢劫一座城市的差别。

（3）抗勾结

去中心化系统中的参与者之间是很难相互勾结的。由于每个节点是平行的，所以不会存在主从、主仆、上下级关系，人人都是平等的。相比于中心化系统，以企业为例，往往高层会为了自身利益相互勾结，损害客户、员工和公众的利益，成就自身的利益。

4.去中心化意味着什么

区块链作为一个去中心化的分布式记账本，由于伪造成本极高，在理论上不会出现存储数据被伪造的现象。正是因此，使得区块链受到了众多行业的青睐，吸引了全球巨头和资金的注入，开始投入区块链去中心化应用的探索和研究。区块链的数据块取代了传统的服务器，使得每个参与区块链系统的节点都是一台主机，所有的数据变更和所有的交易信息都被记录在云系统中。在理论上讲，区块链是一个证明与自证的系统。

举个简单的例子。我们都有网购的经历，买家购买商品的时候，需要将钱款打给淘宝等电商平台，淘宝等电商平台充当一个中介机构，托管了买家的资金，商家看到买家付款给淘宝后去发货。等到买家收到货后，会有一个确认收货的机制，中介电商此时再将买家之前托管给其的资金转给商家。这里的淘宝平台就是一个中心化平台，这种方式在交易过程中非常烦琐，商家回款速度非常缓慢，影响资金流的可持续性。

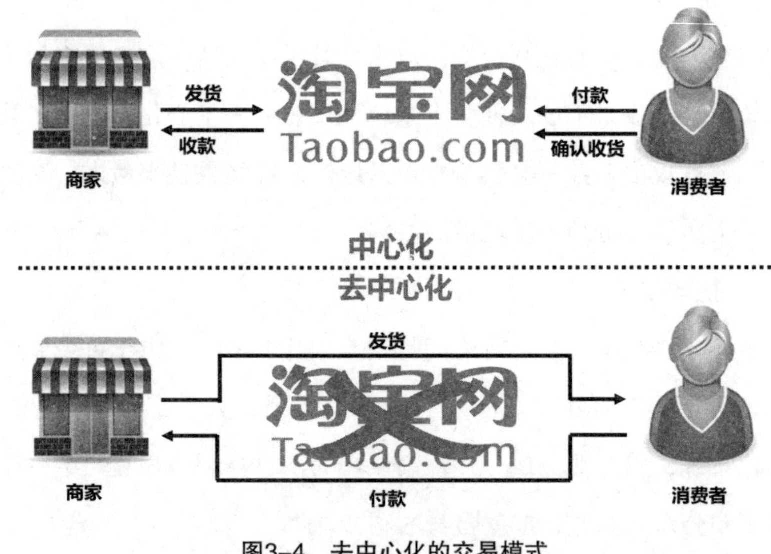

图3-4　去中心化的交易模式

区块链消灭了中心化系统，以点对点的模式进行交易，省去了中介环节，直接让买家与商家进行交易，通过计算机程序实现物物相连的构想。

去中心化的进一步升华，实际上是实现分享。分享是去中心化发展进程的最高境界，可以分享的有数据、信息、资源等。这样，对于那些数据服务商来讲，他们所拥有的数据并不是单一公司所有，而是属于很多个人。这就为数据存储领域开辟了一个全新的市场，而不是以往的垄断市场。这个全新市场的实现虽然需要一段时间，但区块链技术以及去中心化应用将会推动这个全新市场的实现和发展。

显然，在数据规模日益庞大、越来越受重视的今天，区块链的去中心化为数据存储提供了一种更加安全、高效、可扩展的解决方案。未来，我们所生活的世界将会变成一个完全去中心化的世界，没有任何一个人或组织作为权威或控制中心，信息的存储和流通效率将变得非常高，这对于整个世界来说无疑是一个巨大的进步。这也正体现出了区块链分布式思维下去中心化的重要性，也表明“去中心化”注定是一种时代发展的必然趋势。

去中心化是一种自激励的模式

任何一种制度的出台，首要的功能就是“激励”，其次才是约束。因为有效的激励机制是推动整个企业乃至整个社会进步的动力，仅仅凭借约束难以达到这样的境界。当下存在的产权制度和分配方式，其目的就是激励人们通过自己的劳动为自己创造财富，如企业薪酬制度、企业股权分配制度、职位晋级制度等，这些都是为了激发员工积极、自主地创造价值。区块链同样可以起到激励的作用，让每个人为了自己的诉求而主动地去管理和维护区块链的延展续存。

区块链之父中本聪发表的《比特币白皮书：一种点对点的电子现金系统》中，描述了一种去中心化的电子现金系统——比特币，自此，比特币就逐渐进入大众视野。中本聪也由此发明了一套激励体系，因为这套激励体系，使得无数人前赴后继往里冲。因此，激励机制可以说是基于区块链分布式思维的一项重大发明。那么这是一套什么激励体系呢?

这还得从比特币挖矿的原理说起。但在这里首先需要说明的有两点：

第一：目前，由于挖矿是个高耗能产业，电力成本很高，不但是一种不安全活动，而且还会浪费资源，所以我国明令禁止挖矿。为此，我国国家发改委还专门公布了一个旨在鼓励发展的行业已经相反应该禁止的行业的初步名单，其中被禁名单中包括比特币和其他加密货币的挖矿。

第二：由于比特币不是官方货币，没有央行的支持，没有政府的背书，再加上如果像比特币这样的数字货币不能以固定币种、固定的比率交易，由此而来的价格风险以及可能的流动性和信用风险将会对整个金融领域构成重大挑战。所以，我国目前禁止比特币可以作为数字资产或数字货币进行交易。

所以，为了说明我们区块链的去中心化是一种自激励的模式，我们仅从比特币挖矿的原理进行阐释。我们这里所说的“挖矿”一词，源于中本聪所谓的“计算散列值并对算出最终结果的人给予比特币奖励，该行为了类似于挖掘黄金”的比喻。具体来讲，“挖矿”实际上就是借助计算机来解决一项复杂的数学问题，以此来保证比特币网络分布式记账系统的一致性。比特币网络会自动调整数学问题的难度，让整个网络大约每10分钟就能得到一个合格的答案。随后比特币网络会新生成一定量的的比特币作为赏金，以鼓励那些获得答案的人。

可见，比特币“挖矿”能够为人们带来超级财富，甚至超出预期的传奇般的回报，这样的激励就吸引更多人前来“挖矿”。显然，这种激励所带来的杀伤力是极大的，因为对于绝大多数人而言，诸如“区块链是什么”“比特币是什么”等问题根本不是他们所关注的，他们关心的只是能否给自己带来巨额财富。这才是他们进行比特币“挖矿”的真实目的。

在比特币挖矿中，基于这种激励机制，人人都能用个人电脑“挖矿”，大家挖矿的机会是平等的，且每个人都是独立的个体进行挖矿，更具分散性、去中心化特点。只不过有的人拥有的算力十分强大，而有的人的算力却比较差强人意。但无论参与“挖矿”的节点算力大小如何，并没有可以阻止节点参与“挖矿”、研发矿机，甚至不会阻止节点去实现这个自由竞争的去中心化过程。每个节点所做的这一切都是为了获取最终的奖励而为之的。事实上，大家参与比特币“挖矿”，都是一种自发行为，而这种激励也可以被看作是一种自激励模式。

这一点就好比是投票选举村长，参与投票的每个人都具有自己的选择权，且选举过程是去中心化的，那么不论给谁投票、不论选的是谁，这个选举一定是合法的，都是为了新的村长能够带领全体村民走向致富之路而投的票。

基于这种区块链分布式思维的去中心化自激励模式，十分有助于构建去中心化的劳动力网络。这种去中心化的劳动力网络不由中央机构管理，因此不会因为个别劳动者出现故障而影响整个劳动力网络的正常运作。在这种去中心化的劳动力网络中，智能合约和加密货币作用于其中，任何劳动者都可以完成雇主发布的任务。当首位劳动者完成针对性任务后，将由网络中的其他一些劳动者进行检查，决定其是否可以获得报酬。接下来，在智能合约的作用下，支付流程会自动执行，报酬则自动进入到首位完成任务的劳动者账户当中。

举个简单的例子。在一个大葡萄酒庄园的酒窖里，大部分酒桶都装满了葡萄酒，而这时候庄主想找一个空的橡木桶来盛放当天新酿的葡萄酒。

在中心化的系统中，庄主需要雇用一个工人去寻找这个酒桶。但这里存在的问题是，如果庄主不慎雇用的是一位并不靠谱的工人，所找到的酒桶并不一定能够在各方面，如酒桶的材质、大小等方面，让庄主满意。

而在去中心化系统中，庄主可以喊来1000个工人进来进行地毯式搜索，寻找空酒桶，并且最终能够拿到自己想要的标准酒桶。为此，庄主可以宣布：如果谁能够最先找到这个空酒桶，并且通过其他999个工人验证，证明那个找到空酒桶的人不但速度快，还是庄主想要的标准桶，那么这位工人就可以获得庄主赠送给他的一瓶葡萄酒。

有了这个有效的自激励机制，构建真正的去中心化的劳动力网络，可以将自由职业模式推向更高水平。

然而，需要注意的是，在运用这种自激励机制的时候，劳动力去中心化可能并不是所有的工作都适合使用。因为去中心化对于可以轻松验证或可以从群众智慧中收益的任务来讲极为有用，而那些中心化的劳动力却不适用，如在线营销、咨询、软件开发等。

在过去几年里，在线自由职业越来越流行，不但能够让工作者自由支配时间，还能为雇主减少办公成本，带来更多的利益。未来，这种中心化的劳动方式将会被去中心化所取代，再加上区块链分布式思维的这种自激励机制，可以更加有效协调新兴劳动力，并且在其中起到关键性作用，让自由职业模式大放异彩。

权责利的分布式再造

商业模式的本质就是实现资金和商品的流通。然而，时代在不断发展与变迁，不同的时代所呈现出的商业模式也不尽相同。

传统的商业模式中，企业绞尽脑汁、想方设法推销产品，如买赠、折扣、满减等优惠方式，将产品在市场中大面积铺开，以此快速占领市场，并获利，但并没有哪个企业可以为消费者提供免费产品。

在互联网时代，基于互联网免费的特点，诸如百度搜索、腾讯QQ等产品，对于用户来说都是免费的，它们借助这种免费模式引流，然后再借助其他周边产品（如游戏）获利。互联网之所以能够通过这种免费模式在前期快速垄断市场，形成一家独大的局面，将原产业链变成一个纵横交错的网络，让资金、商品、服务、权益、数据、用户在这个网络中自由通行，形成一个新的资产配置和权责利分配的体系，并以此产生了新的商业模式。

然而，无论是传统的商业模式还是互联网时代的商业模式，归根结底，其本质都是对权责利关系进行再造。

区块链技术可以被看作是互联网技术在融合了分布式账本、加密技术、智能合约、共识算法后的升级版，对传统商业模式和互联网商业模式形成了新的改造。虽然到目前为止，区块链技术的应用还处在探索和研究阶段，没有形成成熟的商业模式，但我们可以根据其包含的分布式数据存储、智能合约、共识算法、加密技术、数字签名等技术的特点，推测区块链技术在经济体系中有关权责利关系改造的方向。区块链本身是一个分布式账本，其分布式思维模式下所呈现的全新商业模式即是分布式模式。

分布式商业模式实际上是对互联网商业模式的进一步升华，从互联网时代的平台式（又称为网络式）变为了区块链时代的分布式。互联网的平台化商业模式是基于一个巨大的流量的网络平台形成网状利益体系，其特点就是具有极高的中心化，并且具有极强的垄断性质。

比如微信、支付宝、阿里巴巴、百度搜索等平台，都占据着市场中数亿计的用户信息，以及成千上万的产业链关系。这些垄断市场的平台，一方面非常不利于市场竞争，例如平台掌控了用户数据，对用户进行“杀熟”，平台之间的恶性竞争直接伤害了用户的利益；另一方面，这些巨大的网络平台，一旦出现信息泄露或安全事故，造成的后果则不堪设想。

可见，互联网虽然寄托着人们追求美好的愿景，但与此同时，也被有的人用作他用，非常不利于整个市场经济的进步。而能够打破这种不利的局面，改变中心化的网络体系，重构一个公开透明、分布式、人人共享的网络，将互联网时代的垄断网络平台结构改造为分布式的权责利结构，实际上区块链的分布式商业模式就是最佳的选择。在区块链的分布式思维下，各个节点共同参与，能实现权责利共享共担。

区块链的分布式商业模式具有以下几个特点：

1.降维

传统商业模式是高维度，信息具有不对称性。由于这种信息的不对称性，使得信息传递受限。

例如，产品生产商对用户屏蔽了产品生产的成本和技术含量，这样生产商就可以借助这种信息不对称性，在用户身上赚取利润。

互联网商业模式是中维度，基于该商业模式的平台掌握了所有用户的相关信息，并且相关的利益各方在平台上发生关联关系。互联网商业模式看似在平台上的每位用户都是公平的，实际上不同用户所掌握的信息和权限是有所不同的。

例如，唯品会是基于互联网商业模式的平台，该平台上开辟了会员制度，当消费者消费积分达到某一数量时，就可以成为相应的会员，分为铁牌会员、铜牌会员、银牌会员、金牌会员、钻石会员、皇冠会员、超级VIP会员，不同等级的会员享有的产品折扣是有所不同的，会员等级越高，享有的折扣就越大。这就意味着不同等级的用户所掌握的信息和能够享受的权限是不同的。

区块链的分布式商业模式是低维度，是对传统商业模式和互联网商业模式降低维度，从而实现信息对称、信息公开透明、权利平等、去中心化，使得所有用户都在同一个水平面上发生交易行为。

举个例子。支付宝是一个基于互联网商业模式的平台，掌握了上亿用户的数据信息，所有支付宝用户在交易的过程中都必须通过支付宝平台操作和结算，支付宝则对出现的任何支付异常的情况进行干预，有权修改相关的服务费和服务规则，而用户则没有任何可以拒绝的权利，只能被动服从。支付宝与用户之间是一种强权与服从的关系。

基于区块链分布式商业模式的比特币网络（由于比特币使用P2P网络架构，所以“比特币网络”是按照比特币P2P协议运行的一系列节点的集合）则可以理解为是支付宝系统在区块链分布式思维下的平行迁移，即从支付宝的中心化强权支付系统转化为去中心化的点对点支付系统。在比特币网络中，不存在中心化，一切结算和记账行为都是通过所有参与节点共同完成的。其交易信息是公开透明的，各个节点人人享有参与权、记账权、收益权，且权责利都是平等的，每个节点之间都是一种高度信任的关系。比特币网络与各个参与节点之间是一种相辅相成、互利互惠的关系，如果比特币网络没有各个参与节点进行验证，那么这个支付系统就无法正常运作。

2.分布式

降维的特点主要是实现了中心化向去中心化的转变，这样就使得所有参与节点都处在同一个水平面上，然而此时最核心的问题就是如何处理同一水平面上节点之间的关系（即用户关系）。区块链的分布式思维中，所有节点都分布在网络当中，在权利和责任对等的前提下，所有节点自由参与、公平竞争，以此来获利，这是与当前倡导的“市场自由竞争”的政策相吻合的。

然而，权责利平等的商业模式，对每个节点的参与者来讲又有极强的激励作用，对推动整个市场的发展具有极大的促进作用。

3.权益分解

无论是传统商业模式，还是互联网商业模式，其显著的特点都是权益垄断在某些人或者企业手中。而基于区块链分布式思维所构建的全新商业模式，最大的特点就是打破了传统的垄断、一家独大的局面，实现了权益分解。

通常，所谓的“所有权”主要包括占有权、使用权、收益权、处置权。

传统商业模式下，如果进行产权转让，则以上四种权利一同转让；如果进行含权租赁，则转让的只是使用权，占有权、收益权和处置权则依然掌握在所有者手中。所有权和经营权可以实现分离，也可以不分离，分离的经营权往往掌握在特定的经营者手中。

互联网商业模式下，所有权分化逐渐凸显，广大用户所享有的是对互联网产品的使用权，但占有权、经营权和处置权则属于互联网平台或互联网企业；经营权对于用户而言，似乎没有太大的关联。

以微信为例。2018年5月16日，腾讯公布的截至2018年一季度财报中显示，微信用户数量突破了10亿大关，达到了10.4亿。微信拥有如此庞大的用户规模，但这10.4亿用户对于微信而言，只是拥有对微信相关产品的使用权，而对微信的占有权、经营权、收益权、处置权依然归腾讯所有。

区块链分布式商业模式中，占有权、使用权、收益权、处置权、经营权、决策权逐渐分离，且经营权、部分决策权掌握在普通用户手中。

例如，在比特币网络中，每个参与“挖矿”的节点即“矿工”都享有对比特币的收益权，但不具有占有权，每个节点掌握了结算权（即验证权）和记账权、投票权（即决策权）。

权益分解进一步加大了权责利的再造程度。即在分布式商业模式中，项目所有者、经营者、决策者、使用者、受益者相互分离，却又相互依存，实现互利互惠。

总而言之，基于区块链分布式思维的商业模式其实还存在很大的发展空间和发展前景，其最关键的一点就是能够实现权责利的平等化，进而保障所有权利享有者的利益，对市场进行重构。

解读：LO3 Energy借助区块链分布式思维构建智能电网

我们都知道，对于偏远地区的村民来讲，电力故障不仅仅影响他们的正常生活，还会存在诸多潜在危险，如不慎触电等。所以，电力公司会定期派工程队来检修电网，以此将电力故障可能引起的危险降到最低。

我们想象一下，有这样一个场景：

在一个炎热的夏天，一个偏远的山区，温度升至40摄氏度。由于一场突如其来的暴雨，使得一根电线杆突然倒下。而村里需要给圈养的500头牛羊和1000只鸡鸭制冷，提供一个舒适的生存环境，再加上村民每天需要空调、电扇等降温，需要电力通讯，如此大的耗电量，是完全不能长时间没有电力供应的。

然而，给电力公司电话报修，由于暴雨原因，电力公司派遣的维修队到达村里最快也需要三四个小时，而且维修队还需要花一定的时间查找电线杆故障的具体位置，之后维修队还需要花一天多的时间才能检修好。而这么长的时间里，不但给村里的村民生活带来了不便，也会给其带来一定的经济损失。

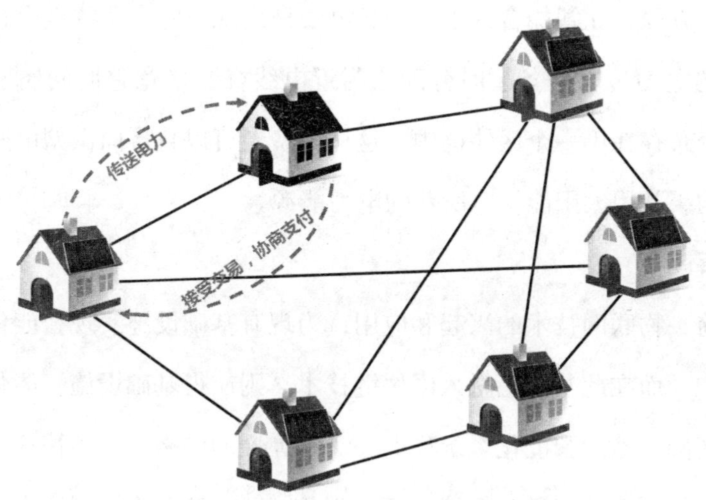

图3–5　共享能源利用的新模式

显然，出现天灾而导致电力故障的情况，是人们不能预见的。为了能够即时解决电力故障问题，目前美国有一家区块链能源初创企业LO3 Energy公司正在尝试用区块链技术的智能合约搭建新的电网，为电力故障问题提供可行的解决方案。该方案将区块链和智能电表两种创新技术相结合，打造微型电网，使居民能够直接与邻居买卖绿色能源，实现真正的共享经济，有效助推供给侧改革。

其具体解决方案是这样的：将区块链技术应用于电网系统中，将每个电线杆都作为一个单独的个体分布在基于区块链的电网系统中，并将其运行状况记录和存储，以便在某个电线杆出现故障时，系统自动采取相应措施：

一方面，如果一根电线杆出现故障，可以在系统中及时生成事故报告，借助区块链的可追溯特点，维修队可以在第一时间内找到故障电线杆的具体位置。

另一方面，在智能合约下，一旦电线杆出现故障，系统就会自动将该电线杆的电力传输任务暂时分配给附近电线杆，毕竟它们同属于一个电网，即分布存在于一个区块链中。这样消费者可以直接向微型电网中的邻近居民购买其用太阳能发电所获的电力能源。

【解读】

当前，物联网技术的兴起和应用，为现有基础设施实现智能化系统提供了可能，而在此基础上融入区块链技术，则使得基础设施智能化如虎添翼，让基础设施的智能化系统犹如一个有弹性的网络，能够快速和相对低成本地提供更多的服务和经济价值。与此同时，这个弹性网络中，一旦一个节点出现故障，可以按照存储的网络特性进行能源的自动重新配置。而且这个基于区块链的网络替代了传统组织自上而下的管控，可以实现点对点交易。

LO3 Energy公司用区块链技术的智能合约搭建新电网的尝试，就是一种基于区块链思维的共享能源利用的新型模式，是真正实现基础设施实现智能化的典型案例，可以说是区块链思维的一大创新应用。

该创新应用，体现出四个方面的优势：

1.基于区块链的可追溯特点，可以实现故障追踪，电力公司也不需要在抢修的过程中浪费太多的成本，就能够在最短的时间找到故障位置，并恢复用电。

2.基于区块链的智能合约技术，在电线杆一出现故障的时候，系统中故障节点就能够将故障节点的供电任务转移到邻近电线杆节点，保证居民用电不受影响。

3.与邻居之间也能实现闲置电力能源共享，使故障节点所蒙受的损失降到最低。

4.这种没有中间机构的参与其中的交易，安全性和私密性更高，且其交易速度要远远优于基于中心化机构进行交易的速度。

第四章

代码化的区块链思维

如今我们所生活的世界逐渐进入一个数字化世界，而区块链技术的出现，则将我们所生活的数字化世界带到了一个全新的高度。有人认为，当前大热的区块链是一种十分神秘的技术。事实上，能够让我们所生活的世界发生如此大的巨变，正是基于支持区块链技术得以实现的密码学和代码的作用。这一点正如知识本身并不是力量，而“持续的学习和不懈的努力”才是真正的力量一样。

契约的演化

随着人类社会不断向前发展，人类的创新能力得以不断提升，人类获取财富的形式也在不断丰富，进一步推动了交换方式的多样化，以此来满足更多的资产交换需求。

在人类社会早期，人与人之间的资产交换，完全建立在彼此信任的基础上，大家在道德舆论的约束下，有借有还，社会秩序井然有序。此时，人与人之间的契约是一种"无言契约"。

随后，随着人类社会的不断推进，伴随着人类文明的进一步发展，与之相反的贪念也逐渐形成。原本朋友、亲戚之间借出资产相互帮衬是助人为乐的好事，但却因为空口无凭，让借取者钻了空子，往往好借却难还，而让借出者进退两难。软弱的人，就只能自认倒霉，忍气吞声；强悍的人，大闹一番，伤了感情，却依然不能解决问题。此时的契约形式是一种"语言契约"。

"无言契约"与"语言契约"同属于"精神契约"的范畴。

后来，为了满足人类交换的欲望，也为了解决因交换而引发的纠纷，契约制度成立，并作为一种约束交换的核心规则受到人们的重视。契约具有一定的法律效益，是用来证明双方或多方之间发生交易，包括买卖、抵押、租赁等行为关系的文书。此时的契约是一种“文字契约”形式。

那么契约的发展和演化具体经历了哪些阶段呢?

1.古罗马契约自由思想的形成

最早的契约形式源自古罗马时代，该时代的契约作为一种自由思想而存在于古罗马法中。公元六世纪，罗马帝国皇帝查士丁尼编写了一本著作，叫作《法学阶梯》。该著作中有关诺成契约的规定基本上已经包含了现代契约自由的思想，即契约是参与交换、交易各方共同约定的产物，当事人自签订契约时，契约便产生了法律效力，非得到所有当事人同意，契约内容不可随意更改，契约不得随意解除。古罗马法的契约自由思想，为现代契约制度的形成和发展奠定了重要的理论基础。

“铜块加秤式”是古罗马最早的契约形式，交易当事人必须亲自到场，按照一定的程序行为，说出固定的套语，并有一定的证人在场作证，这样的交易行为才能有效。然而，法律对于这种固定套语是否能反映当事人真实意愿的问题是不会过问的。这就意味着，即便契约是在当事人受到胁迫、欺诈等违背真实意愿的情况下订立的，只要所走的程式符合规定，则达成的契约依旧有效。反之，如果当事人就交易的内容达成一致，却因为没有履行规定的意识，那么这样的契约是不成立的，不具备法律效力的。显然，套语作为契约满足法律效力的要件是至关重要的。

同样，在我国西周时代，无论是以口头方式，还是以“傅别”“质剂”命名的书面契约形式，在签订过程中也需要说出固定的套语，需要中介人，即证人。当事人除了达成书面协议，还需要在证人面前立誓。

早期社会，交易双方往往是邻里之间、宗族之间，交易的标的往往是土地或者日常消费，再加上语言文字并不发达，虽然交易双方达成协议，但并不能真正地受到社会的认同和维护。这样，交易双方就只能请证人作证。而当时由于人们处于一个相对狭隘的社会空间，证人往往作为大家可以信赖之人，具有一定的证明力，在证人的见证下双方利益受到保护。

2.契约自由原则的兴起

随着罗马契约法的不断成熟，罗马法中还先后出现过口头契约、文书契约、要务契约、诺成契约。其中，诺成契约包含买卖、租赁、委任、合伙四个方向，诺成契约又称作合意契约，即当事人之间达成一致意见即认为达成契约，如果当时人并没有全部达成一致意见，或者发生疑问时，该契约则不成立。诺成契约不需要任何实际行为（如标的物的转移、文书契约），也不需要任何固定的形式（如当事人到场、说一定的套语）。这成为近代契约的主要模式。

诺成合约显然将过去达成契约过程中的烦琐手续进行简化，这是契约法史上的一个创新，而所有的近现代契约概念的渊源也都在于此。诺成契约的核心即是契约自由原则。具体而言，人的自由是生来就有的，人们有权自主缔结契约，当事人有权决定是否订立契约以及订立契约的对象是谁，而且可以决定订立契约的种类，订立契约的内容，所有的这些，法律都不会加以干预。显然，诺成契约既能体现自由的一面，又能体现法律效力的一面。

3.国家对契约自由原则的限制

随着人类文明的发展，原始社会逐渐出现了国家，各国法律逐渐形成，对相关风俗原则、诚实信用原则和禁止权利滥用原则对契约自由原则进行了限制，法官也由此出现，并被赋予了一定的自由裁量权。然而这些都为二十世纪新契约法的出现奠定了基础。

二十世纪之后，进入了资本主义的垄断时期，国家对社会生活秩序的干预逐渐加强，原本的契约自由原则因为国家干预的加强而逐渐受到限制。

强制性合同是当前新兴的契约形式，其强制力量来源于法律的规定，人们必须按照合同签订的内容承担相应的义务。

以法国为例。法国的法律中，有的强制性合同中取消了当事人不订立合同的自由，但保留了当事人选择合同签订对象的自由。根据其实施的行为或从事的职业，法律强制某些特定范围内的当事人实施责任保险，但当事人可以在一定期限内选择另一方当事人。有的强制性合同保留了当事人不订立合同的自由，但不允许当事人在签订合同对象方面进行任意选择。

比如一个企业的高层（契约当事人之一），招聘员工时，如果因为某一员工的出身、宗教、种族、肤色等而拒绝雇用应聘人员，则企业高层将会受到刑事制裁。

虽然这个阶段的契约自由原则受到了某些方面的限制，但契约自由原则依旧存在，并且在规定的范围内发挥作用。当事人之间达成一致协议依然是契约成立的重要前提条件，是合同具备法律效力的根本。而国家法律对契约自由原则的限制，是对契约内容不足的弥补，是对契约当事人进行更好的权益保障。

4.现阶段的契约发展状况与未来

现阶段，虽然契约在国家法律强有力的后盾下执行相应的契约事宜，但依然有人藐视法律的严肃性和强制性。而“老赖”一词就成为这些借钱不还的人的代名词，遇到“老赖”也是一件让人心堵的事情。这时候，契约急需要一种全新的技术解决这种“老赖”问题。

区块链技术的出现，则可以为解决现阶段的“老赖”问题提供更好的解决方案。

契约归根结底解决的是信任问题。区块链是比特币金融系统的核心技术，其实质是一个不断增长的分布式结算数据库，在智能合约技术的基础上，能够完美地解决所有的信任问题。

智能合约与我们传统的合约、契约之间有着千丝万缕的联系，是在传统合约、契约基础上实现的智能化。换句话说，智能合约就是自动完成简单交易的一种协议。智能合约得以实现的条件之一就是要有参与方做出承诺，而其最大的特点就是合约、契约能够自动执行、自动完成。

举个简单的例子。A决定将自己的房子送给B，作为A归还B的欠款，B对A做出这样的承诺表示认同。并且A承诺，如果B在约定的某一天将借条原件当众销毁，就将A的房产证移交给B。B认为这样的合约没有任何问题，于是双方就签订协议（即契约）。并且双方将承诺的相关内容写入了智能合约当中，并由其他相关的参与者对A和B的这一协议进行见证。当B在约定的那天将借条撕毁，并且通过所有见证人的验证之后，智能合约系统就会自动将A的房产证转交给B，原本是A的房屋也顺其自然归B所有。

这就是智能合约的操作流程。在整个操作流程中，显然智能合约作为一种自动执行的协议，直接连接的主体已经不再是传统合约中的人和物（如房产证和B，或者A和欠款），而是物与物（如借条和房产证）。

智能合约在执行的过程中，体现出了与传统法律相同的强制性，但相比于传统法律，其强制性更胜一筹。也正是这种强制性，使得合约或契约在执行的过程中不再像以往那样烦琐，实现了操作流程的简单化。更重要的是，整个执行过程中，不再有国家法治机关做信任背书。这一点是传统法律所无法做到的。

未来，基于区块链技术，“老赖”问题将会得到彻底的根治，我们所生活的这个世界会是一个高度信任的美好世界。

区块链的代码执行协议

纵观历史，一项技术的演变总是人类发明新技术→新技术服务于新时代的人类→围绕新技术和人类创建出行社会，即我们所称为的新时代。农耕时代推动人类开创了定居社会，蒸汽机为人类带来了全新的工业革命，信息时代打造了信息快速传播的“地球村”，大数据的渗透和普及带来了底层算法的重构。可见，每个时代出现的全新技术都为人类社会的发展添上了光辉的一笔。

区块链技术的出现则为人类社会带来了一个以代码为核心的自动执行协议社会。区块链技术的自动执行协议其实就是区块链的核心技术之一——智能合约。区块链基于智能合约技术之所以能够实现合约执行的自动化、智能化，原因在于智能合约是写在区块链上的一段代码，其在建立、存储、执行的过程中都融入了代码，将代码作为一种语言，通过将代码编程的方式，保证基于区块链的执行协议能够顺利进行。

根据这一点，我们可以给出智能合约的定义，即智能合约是在区块链上运行的计算机代码，其中包含一组规则，在该规则下，智能合约的各方同意彼此进行交互。一旦满足合约中预定义的规则，那么协议就会自动执行。代码在区块链运行的过程中也起到举足轻重的作用，可以说，代码思维也是区块链的一种典型思维模式。

那么如何才能借助代码思维保证区块链协议在执行的过程中实现自动化呢？

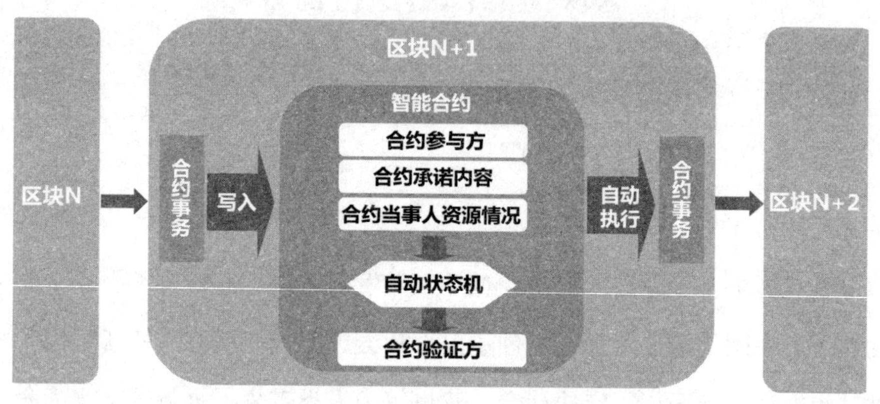

图4-1 区块链代码协议自动执行流程示意图

第一步：代码编程，构建合约。

区块链的自动执行协议，即智能合约在构建的过程中，区块链上的所有节点都参与其中，并且区块链上每个用户都获得一个公钥和一个私钥。公钥是区块链上节点用户的账户地址；私钥是作为对该账户进行操作的唯一钥匙。区块链上的两个或多个节点用户根据彼此的需求，共同协商一份承诺，承诺中明确了彼此应当享有的权利和应当履行的义务。这些权利和义务通过电子化的形式呈现出来，并用代码编程成机器语言。之后，协议当事人分别用各自的私钥进行签，以保证协议的有效性。

第二步，代码合约存储上链。

在协议当事人签名完毕之后，接下来的一步就是将协议中各方承诺的内容上传到区块链网络中，并通过区块链的分布式网络对这一协议进行扩散，保证区块链上的所有节点都会收到这份相同的协议。当所有节点都收到协议之后，就会对这份协议进行验证，验证通过后，就会将这份协议保存在区块链的所有节点上，等待该合约中自动执行条件的触发。

第三步：代码协议自动执行。

智能合约会定期检查系统的条件触发情况，一旦条件满足，就会将事务推送到待验证的节点中，等待各个验证节点达成共识。如果没有满足触发条件，则该项事务则继续放在区块链上，直至事务条件触发。

事务条件成功验证之后，合约根据编程的代码语言自动执行。成功执行的合约，系统会将其自动移出区块，而没有执行的合约还会按照合约内容继续等待下一轮处理，直到整个合约全部执行完毕。

举个简单的例子。假设A与B不认识，也相互不信任。A向B销售一辆汽车，他们通常需要一个值得信赖的第三方作为中介，所涉及的第三方中介，如机动车登记管理机构、公证人、保险公司，这样A和B双方完成签订的协议，即实现“一手交钱，一手交车”。而第三方中介机构则向A和B收取相当可观的服务费。

借助区块链的代码执行协议，A与B之间的交易变得简单化、快速化、可靠化。在区块链中，一旦所有相关的权力机构和公司都在区块链上，就可以使用智能合约来定义销售的所有规则。B如果想用区块链上的智能合约从A那里购买汽车，交易将由区块链网络中的每个节点进行验证，以确定A是否已经获得了汽车的所有权，B是否有足够的钱支付A。如果A和B所具备的条件都被证实是真实的，那么B就自动获得了汽车智能锁的访问代码，B此时就真正成为汽车的所有者。与此同时，B账户中有一部分资金会自动转移到A的账户中。在整个环节中，没有任何中间人的干预，既能节约时间成本，又能省去传统的服务费，既高效，又节省成本。

总之，区块链代码执行协议中，代码不仅验证当事人的协议执行条件，还强制协议的履行，它是一种涉及数字资产和双方或多方当事人的机制，其中资产所有者将资产存入智能合约，并根据数据的变化，自动在这些当事人之间实现资产的重新分配。

协议代码化，代码即法律

在现实生活中，人与人之间因为利益问题而产生冲突和纠纷是常有的事，而解决这些重读和纠纷的最常用、最基本的手段就是法律。法律通过写在纸上的规则，规范着我们生活的方方面面，告诉人们什么是该做的，什么是不该做的，既可以规范人们的社会生活，又可以保障人们相应的权益。人们在法律的约束下，整个社会秩序井然、稳定和谐。所以一提到法律，就必定给人一种严肃、安全、可靠感。然而不同的时代，法律被赋予了不同的含义，但唯一不变的是：法律是国家强制力保证实施的社会规范。

法律能够帮助人们解决纠纷问题，但有时候对于一些芝麻绿豆大的事情，如果双方上了法庭、打起了官司，不但程序复杂，还耗费人的精神，更重要的是，公说公有理，婆说婆有理，一时间难以给出审判结果，需要耗费一定的时间取证之后，才能继续开审。这种因利益而引发的当事人之间的拉锯博弈，在法律的约束力下，依然没有突破人的自我意识掺入其中。

而在区块链的世界里，情况就大不相同了。在法律范畴中，我们经常会用到合约，合约一词本身就解释为双方当事人基于意思表示合致而成立的法律行为。区块链中有一个智能合约的概念，该概念早在1994年就已经出来了，但一直处于理论阶段，还没有实现真正的落地。智能合约能够真正焕发生机，还是依赖于区块链技术。在区块链的世界里，智能合约中没有文字的法律，没有法庭的参与，只有更为锋利的利剑——代码，去执行现实世界中法律的角色。

智能合约与传统合约相比，优势就在于“智能”两个字，而之所以称之为“智能”，是因为合约的条款可以写成代码的形式存放在区块链当中。一旦合约的条款触发了某一条件，那么这个代码就会自动执行，即便有人想违约也是很难实现的，因为代码不会管你是谁，它只要满足条件，就会立即“铁面无私”地执行，实现协议代码化，这也会为我们节省很多人为的沟通和监督成本。这也是区块链代码思维的一个重要价值所在。

正是在这种代码的强制下，使得区块链的智能合约得以实现，但也正是区块链的出现，增强了代码的健壮性，可见区块链与代码之间的关系是相辅相成的。但是代码在智能合约的执行过程中，显然又在一定程度上体现出了其特有的法律效益。如果单纯地说代码即法律，未免让人觉得没有依据，过于武断，但如果将其放到区块链上时，代码即法律又不得不让人折服。

基于去中心化、去信任、集体维护、时间戳、非对称加密等技术，使得区块链在应用过程中的魅力更加凸显。然而智能合约下的代码，却如同法律一样，成为区块链能够践行使命的重要工具。在共识算法的作用下，区块链网络中的各个节点各司其职，契约被写进了智能合约当中，一旦满足了相应的条件，则智能合约自动执行，不会存在任何分歧。另外，部署在区块链上的智能合约与传统合约相比，本身还具有去中心化、不可篡改、安全高效的优势，所以基于智能合约的代码的作用下，违约不可能发生。显然，智能合约中的代码对传统互联网起到了一个很好的规范作用，借助区块链的代码思维，甚至使得全世界的人都能够在理性的规范中行事，从而实现代码即法律。

举个例子。A与B两家公司签订了产品购买合同，因为A的突然违约使得B蒙受了巨大的损失。为了拿回原本属于自己的东西，B不得不向法院起诉A。当B费尽周折胜诉后，为了让A能够尽快执行审判结果，还需要申请强制执行立案等。这些过程既烦琐又耗费时间，对于一个企业来讲，实在是耗不起。

那么有没有一种更好的方法能够从源头上就把可能出现的问题得以遏制呢？这样，不论A公司想如何耍赖，或者如何想篡改合约内容，但由于基于区块链的不可逆性，智能合约的代码都会按照合约中约定的事务内容自动执行，这样B公司根本不用担心A公司会耍赖给自己造成任何经济损失。显然，在合约执行的过程中，代码起到了如同法律一样的效力，保证了合约的高效执行。

在实现的过程中，区块链代码思维的基础上实现“协议代码化、代码即法律”，主要取决于以下两个方面：

1.人类社会代码化，即数字化

人类社会代码化，或者说数字化的程度，决定了代码行使法律效力的程度。要想让现实实现协议代码化，首先就需要对语义信息用代码的方式进行处理。目前，人类社会代码的应用还仅仅停留在一些编程层面上，这使得代码转换为理解人类语义方面的能力还尤为不足，尚待提升。

例如，代码毕竟不像人类大脑一样能够思考一些有抽象的词汇，如“真爱”“幸福”等。

2.代码的现实约束力

智能合约可以用于博彩发行当中，但却对于刑事处罚的执行存在极大的挑战。或许我们可以遐想一下，未来随着人工智能技术的普及，人类世界中出现了一种执法机器人，它们的任务就是逮捕违法人员，届时基于代码编程的智能合约才能够真正奏效。然而，这样的场景就目前而言还是无法实现的。

总而言之，智能合约可以被看作是一个由代码书写的宪章，而这个宪章正是在代码思维模式下，不会以人的主观意志产生偏心和袒护，规范整个区块链网络内所有角色的权利、义务，以及行为准则，保证区块链内各个参与节点的利益，给人们的生活带来更多的福音。

协议代码化重塑信任关系

当我们面临信任危机的时候，往往会发出这样的牢骚：“说好的人与人之间的信任呢？”虽然这种情况在我们生活中可能并不算多，但有时候，信任感在我们面前显得那么薄弱，甚至一句话、一个动作、一个表情，就瞬间让所有的信任感荡然无存。

“人之初，性本善”，但在面对巨大利益诱惑对我们进行考验的时候，由于贪婪和欲望的驱使，使得有的人的“善性”瞬间土崩瓦解。在没有巨大诱惑的时候，小小的信任关系在人与人之间是比较容易建立的，然而一旦涉及重大事件、巨大利益关系时，绝对的信任关系就相当难构建了。

当前，社会中存在的各种中介机构、交易所、裁决机构，都是为了解决信任缺失的问题。区块链代码思维使得协议代码化，同样可以解决信任缺失的问题，主要通过以下三个方面得以体现：

1.协议当事人无须担忧信任问题

区块链的智能合约在执行的过程中，好像完全将现实中的仲裁人、法官、执行人、银行工作人员搬到了区块链上，省去中间人环节，无须银行人员和律师等，合约完全按照代码编程所预先设定的条件自动执行，让协议当事人之间不再为信任问题而担忧。

2.必需要当事人与第三方建立信任关系

区块链的智能合约就能在代码的作用下，所有带判别条件的评估和执行都借助计算机代码自动公正、高效地执行，不需要与第三方建立信任关系。

3.不会出错，无需出错后纠错

智能合约借助计算机代码执行的是实时的、客观要发生的事情，并不是依靠第三方兑现他们的言论。所以，智能合约有代码充当强制性极强的法律角色，在执行的过程中不会出错，更不需要在出现问题时，由律师和法官等人来纠正问题。

4.能够给当事人足够的安全感和信赖感

区块链最大的特点就是去中心化，将用代码编程的智能合约放到区块链上后，无需对智能设备所发出的代码化指令上传到网络中心，因为每个区块链上的节点都是一个小小的中心。代码化的指令只在各个节点之间进行循环，不必担心指令会被黑客攻击或篡改，所以保证了合约执行的安全性，让当事人获得足够的信赖感。

所以说，代码思维下的智能合约重塑了人与人之间的信任关系，具有解决信任问题的潜力。未来，代码思维能够改变我们的生活，我们现在的所有合约、协议体系都可能被打破。代码思维在未来可以解决所有的信任问题，如房屋租赁、金融借贷、证券登记清算、差价合约、遗嘱管理、股票交易、博彩发行、储蓄钱包等相关智慧资产方面的信任问题。

以博彩发行为例。假设某个在互联网中的数据源所有者同意该数据源被别人访问，他们就会以对数据源的价值进行衍生合约或博彩，并作为博彩发行方创建博彩信息，如中奖方式、投注方式、投注时间、奖池钱包地址及密钥，同时还向该奖池地址充值作为博彩奖池的底金。发行方将博彩信息、钱包地址、奖池底金等信息通过代码语言写进智能合约当中，并存储在区块链上，被全网用户所知晓。接下来，用户获取博彩信息，开始投注，确定投注目标，并按照博彩规则向博彩钱包地址充值，产生投注记录（包含自身钱包地址），再将其存入区块链当中，然后等待产生中奖信息。当中奖信息产生后，发行方再进行奖金发放以及颁布中奖记录。在整个过程中，所有的资产都是以数字的形式存在的，并且使得整个博彩过程代码化，保证全部过程无法被恶意篡改，让每位参与博彩的用户无需对中奖结果的真实性产生任何怀疑。

代码思维模式在多方面解决信任问题的潜在能力是显而易见的。如果我们能够利用代码思维开发出足够简单的代码编程协议，就可以为我们解决许多有关信任的法律难题。这样，基于代码思维的智能合约，完全消除了类似“你以为”“我认为”的误解，缔约双方是否依法履约的不确定性也一并被消除。相信，未来区块链的代码思维在重塑信任关系方面的应用前景一片光明。

协议代码化增加合作透明度

虽然生活中有许多企业与企业、个人与企业、个人与个人之间的合作关系用合同条款的方式彰显双方合作的透明度和公平性，然而，暗箱操作却使得合同的透明度和公平性尽失，契约精神也丧失殆尽。

然而，智能合约，作为一种无中间人的自动执行协议，不受任何权威的控制，旨在验证或执行谈判、履行合同，犹如一个铁面无私的法官一样，使得合约参与方能够以公平、透明和无冲突的方式执行可信交易，让双方之间的合作严格基于合约规则行事，使得双方合作更加透明化。

1.协议代码化增加合作透明度的工作原理

多亏了区块链的代码思维，智能合约中所涉及的所有各方都可以确信该合同是以100%中立和无偏见的方式执行的。无论在签署之前双方商定了什么条款，都意味着该合同在后来执行的过程中，不会有欺诈、操纵或未经授权的修改风险。

具体来讲，实现协议代码化增加合作透明度的工作原理是：

此处以以太坊为例。首先，区块链的开发者用诸如可靠性之类的编程代码语言编写智能合约，然后将其发布在以太网络中。发布的智能合约有一个公开的地址，用户可以提供不可变和透明的注册，通过向自己的地址发送一些加密货币来触发合约执行的条件，这些条件都是通过代码设定，不但不可更改，而且所有人都可用。当合约当事人的执行条件被成功验证后，支持以太网络的计算机代码也会自动执行智能合约。由于以太网络是分布式的网络结构，这样智能合约中的每个当事人之间都是平等的，智能合约的实现也都是透明的。这样任何单个节点都不能更改合同的条款和结果，因为篡改合同条款是一件吃力不讨好的事情。

2.协议代码增加合作透明度的应用

代码思维模式下的智能合约可以提升合作执行的效率和透明度，其应用场景有很多，金融领域就是其中之一。

由美国数字商务商会和智能合约联盟共同发布的《智能合约：12种商业及其他使用案例》白皮书中显示：金融领域是智能合约执行透明化应用的一大场景之一。区块链智能合约可通过条件及代码的设定，实现数字身份权益保护、财务数据文件数字化记录、股东支付分割及债务自动化管理、场外衍生品交易处理过程优化、财产所有权转移等方面的信用。这些金融业务在传统流程的操作中依赖人工操作的参与，需要耗费人力成本较高。而智能合约技术的整合将能让其减少人工操作过程中的错误和成本，同时提高效率及透明度。

除了金融行业，智能合约凭借其透明性特点，还在供应链、医疗、教育、保险等领域有更多的应用，重塑了与我们生活相关的更多领域的业务。

以保险行业为例。假如有一位农民，其庄稼的收成完全靠天气状况所定，比如一年雨水足够多，庄稼就会繁茂生长，有好的收成；如果一年自然灾害不断，农作物收成就欠佳。于是，该农民为自己的作物买了保险，并且与保险公司网站签订了自动化智能合约，并在合约中明确指定了他的作物的参数位置、作物的类型等。保险公司网站服务会访问当前和历史气象数据，能够预测出全年干旱、暴风雨或者其他天气条件。

如果自然灾害破坏了农作物，保险公司会自动在天气数据中查看到相关证据，代码编程的智能合约就会自动触发，向农民账户中转入相应的补偿金。而如果农民一年没有任何自然灾害天气影响作物收成，并且降雨量充沛，农民即便没有获得赔付也会十分开心，因为他这一年喜获丰收。显然，农民在与保险公司签订的智能合约中，农民的作物参数未知、作物类型，以及干旱、暴风雨等气象数据也透视透明的，让双方在合作的过程中可以实现透明化。

近年来，包括IBM、纳斯达克、微软等在内的巨头企业也都在探索该技术在其他领域的应用，让更多领域的合约当事人能够在一种公平、透明的环境下进行交易，实现合作共赢的局面。

解读：MCOP借助代码思维实现医疗数据的可信共享

当前，信息化大潮的涌进，将与我们健康息息相关的医疗行业推到了一个智慧医疗的时代。从当下的医疗卫生发展现状中我们能够看到，基于大数据和人工智能技术的智慧医疗正在不断兴起。

2017年12月2日，在第四届互联网大会“互联网之光”博览会上，矩阵元联合北京秒康智能科技有限公司、北京安贞医院、中思博安科技有限公司等知名企业在大会上共同发布了国际首个医疗产业智能合约操控平台——MCOP。

在医疗领域，大数据分析和深度学习算法的人工智能是未来医疗行业发展的新生力量，但这股新生力量在运行的过程中也存在巨大的痛点，即医疗数据可信共享的难题。针对这个难题，MCOP基于区块链的代码思维，为问题的解决提供了极佳的解决方案。

具体在运行的过程中，医院和患者是MCOP上的节点，而MCOP则为医生提供安全稳定、操作便捷的辅助诊断系统，同时为患者提供智能可信、方便快捷的信息咨询。这样无论是医生还是患者都能获得更加优质可靠的医护环境。除此以外，社会福利机构、保险公司作为验证方，也加入到MCOP当中。各个参与方在MCOP上进行医疗数据交换，并实现业务协同。

在代码思维下打造的智能合约，在跨链协议和多方计算方法保证医疗结构不泄露患者隐私数据的前提下，在不影响数据所有权的情况下，实现数据的可信交换和加工。而这些交换和加工的行为都是系统自动完成的，从而让敏感数据在得到严格保护的情况下充分地流动起来，最大限度地发挥敏感数据应有的价值。

【解读】

基于区块链代码思维的MCOP，其优势在于，为医疗数据的可信共享提供有效的解决方案，在此基础上能够为用户降低就诊成本，提供优质的医疗资源和保险保障，从根本上提升医疗服务水平。同时还能减轻就诊压力，提高治疗效率。更重要的是能够满足医疗服务上对医疗数据采集和交换解决方案的需求。因此，MCOP实现了智慧医疗和区块链技术的交叉与融合。这无疑为医疗行业的发展创造了一种新模式。

第五章

共识机制下的区块链思维

人与人之间交流沟通，要先有共识，才能有话题，否则会有话不投机半句多的感觉。所谓“共识”就是共同的认识，有共识思维模式的人才有共同的语言模式、行为模式。区块链中基于其核心技术之一的共识机制而形成的共识思维是以共识为基石构建的，而共识思维又是区块链思维之一，更是区块链中最重要的思维模式。

区块链的共识机制

共识机制是区块链的核心技术之一，共识机制能够帮助区块链降低搭建信任关系的成本，实现价值互联网。那么具体什么是共识机制呢？先看一个简单的例子。

村里准备选出一个德才兼备的人当村长，每个人都有心目中的最佳人选，纷纷在村委为了这个村长的人选而哄吵不休，主办人根本没有办法听清楚人们在说什么。此时，主办人为了控制这种混乱的局面，只好敲鼓叫停，并且告诉大家这样哄吵半天也得不出结论，可以换一种方法，用投票选举的方式，谁获得的票数最多，谁就胜任村长的职务。大家一听这个办法很公平，于是就达成一致看法，最终用投票选举的方式选出了最佳人选。

在以上例子中，“一致看法”其实就是“共识机制”，换句话说，村民达成共识的方法和过程的集合就是一种共识机制。“共识机制”又可以称为“共识算法”。区块链中的共识机制就是通过特殊节点的投票，在很短的时间内完成对交易的验证和确认，在对一笔交易进行验证和确认的过程中，如果这些与利益毫不相干的众多节点能够达成共识，那么整个区块链中的所有节点就对这笔交易实现成功验证和确认。

共识机制的价值和意义是什么呢？由于区块链网络具有延迟的特性，所以在区块链分布式网络中的各个节点在受到交易信息的时间上存在一定的差异性，这就使得完成交易验证和确认存在时间先后问题，这样，每个节点在验证和确认交易的过程中，难以在时间上保持一致。而区块链的共识机制恰好可以有效解决这个“时间难以保持一致”的问题。共识机制就是在一个时间段内对事物的前后顺序达成共识的一种算法，就是解决达成共识的依据。

“拜占庭将军”问题对区块链的共识机制的时间一致性问题有很好的阐释。

拜占庭是东罗马帝国的首都，这里幅员辽阔，人们非常富有。为此，拜占庭周围有10个小国家非常垂涎拜占庭的财富，想一起攻打拜占庭，掠夺拜占庭的财富和土地。但由于拜占庭军队实力雄厚，只有6个以上国家的兵力相加才能打败拜占庭，而少于6个国家发起进攻，战争就会失败。

然而，由于这10个国家都离得很远，在当时的条件下，人们通常用信鸽或邮差的方式传递消息，为了保证消息传递的过程中信鸽不会被误射或被拜占庭军队截获，这10个国家选择邮差送信，以沟通作战时间、作战战略等，并在这两个问题上达成共识。但是，这其中存在很多问题：即便邮差成功传递消息，但如果10个国家中有的国家的将军是叛徒，传递假的作战时间和作战战略该怎么办？如何才能排除叛徒的干扰，以达到作战行动统一的目的？

第一种方法就是传递口头消息，每个小国向其他9个国家发送作战消息，以确定进攻时间和方略。第二种方法是发送书面协议，每个小国向其他9个国家以书面的形式发送作战协议，同意的国家就在上面签字盖章。

但问题是，如果签字盖章造假，又如何能保证协议内容的一致性？另外，虽然10个小国组成了一个去中心化的系统，但每个国家都有决策权，那么如何保证协议发送的同步？

有这样一个解决方法：在系统中加入发送信息的成本，即一个时间段内只允许一个节点传播信息。其实加入的这一成本就是"工作量"，每个阶段都必须完成一个计算工作才能传递消息，这样谁第一个完成工作，谁才能第一个传播消息。当某一节点发出统一进攻的消息后，其他各个节点收到发起者的信息后必须签名盖章，以确认各自的身份。这就是现代加密技术。这种加密技术完全可以解决消息传送的私密性、身份确认、签名不可伪造和篡改，从而保证了信息传递的一致性和同步性。而这种为了达成作战共识而按照时间先后顺序进行的算法，就是共识算法，即共识机制。

前文中提到，区块链的共识机制中，常见的有工作量证明机制、股权证明机制、授权股权证明机制，然而不同的共识机制，其意义和作用也不尽相同。

1.工作量证明机制（POW）

工作量证明机制，简单来讲就是在一项工作中，获得的回报多少完全取决于工作的成效。成效越好，回报就越高，即按照工作量分配回报。换种说法就是：工作量越多，获得的收益越大。

举个简单的例子：学校开展德智体美劳五项全能评选，为了能够选出最优者，校方规定：在一个月内，通过做好人好事、奥数竞赛、体育长跑、美工比赛、体育劳动几个方面获得相应的小红花，而小红花数量最多的人则可以被评为五项全能比赛的获胜者。这里学生通过努力换来的小红花数量的多少就是对其工作量的最好证明，而小红花就是对其开展工作的一种回报。

2.股权证明机制（POS）

股权证明机制也称作权益证明机制，是工作量证明机制的升级。股权证明机制类似于将资产存在银行里，银行通过你所持有的数字资产的数量和时间给你分配相应的收益。股权证明机制通过评价你所持有的代币数量和时间长短来决定你获得记账权利的机会。这一点其实类似于股票的分红制度，持股相对多的人就能够获得更多的分红。

在股权证明机制这里又引入了一个“龄”的概念。所谓币龄实际上就是交易的货币数量乘以该货币在钱包中存储的时间，而系统则根据你的币龄给你分配相应的权益。

简单举个例子：小王从小李那里收到了100个币，并已经对这100个币持有了一周（即七天）时间，这样，就意味着小王已经累积了100×7=700“币天”的币龄。

当小王将这100个币全部花光之后，系统就会认定小王已经全部消费了这100个币的币龄，也就意味着小王的这100个币的币龄全部归零。为了更加便于计算币龄，股权证明机制在每项交易中引入了时间戳，借助区块的时间戳以及协议相关的交易时间戳，促进了币龄的计算。

3.授权股权证明机制（DPOS）

授权股权证明机制综合了工作量证明机制和股权证明机制的优点，是一种全新的保障加密货币网络安全的算法。也可以将授权股权证明机制理解为：使用户所投入的成本与所获得的收益相匹配的制度。授权股权证明机制下，每一个持有数字货币的股东都拥有权益，可以确认交易。

授权股权证明优点类似于西方议会制度或人民代表大会制度。当代表不能履行他们的职责，就需要寻找委托人去完成，否则就会被除名，网络会选出新的节点去替代他们。授权股权证明的每个客户端都有能力决定哪个节点可以被信任。与工作量证明相比较，授权股权证明的区块链处理数据的能力是很强的，可以实现秒到账，同时还能降低维护区块链网络安全的费用。

虽然目前共识机制并没有达到完美阶段，但在应用的过程中却可以解决诸多特定的问题，这使得基于共识机制的共识思维也必将有巨大的应用前景。

遵从共识，而非权威

俗话说“一枝独秀不是春，万紫千红春满园”。人类社会发展至今，最大的智慧在于寻找共识合作，以此抵御各种灾害的威胁。当众多人在同一件事情、同一个问题上达成共识后，再难的问题也能够迎刃而解了。

与“共识”相对应的是“权威”。在古代，皇权被认为是最具权威性的，而“权威”两个字彰显了权利和威望、不容怀疑的同时，更多体现的是中心化特点。权威包含了强迫、强制服从的意思，但权威之下的服从并不能等于认同，因为这种服从往往是在公众影响力的威望下的跟从，而不一定是个体主观思维上的自我意识的认同。

然而，区块链是一个分布式网络，在网络中各个节点都是一个个小中心，这些小中心共同形成了去中心化或多中心化特点，所以在区块链体系中没有所谓的权威组织，大家共同遵从一定的共识机制，保证区块链的顺畅运行。而区块链共识达成更多地通过平等、自愿、公平的方式达成，这种共识性思维实际上包含了去中心化的自由信仰。可以说，共识机制是区块链运行的经脉。

区块链天生就具有分布式、去中心化的特点，这也正是共识机制能够存在的重要原因。所以，基于共识机制的共识思维，其最突出的特点就是遵从共识而非权威。

任何思维只有应用于实践，才有其存在的价值。共识思维在现代企业中的应用，形成的全新商业模式有助于实现以下几个方面的变革：

1.企业实现去中心化

传统企业的运营模式往往是一种中心化模式，企业全员都在围绕高层权威领导制定的权威工作计划来完成工作任务，而且必须是没有异议地服从。企业员工即便有好的点子，也被埋没。这样不利于企业成员的成长，也不利于企业的壮大。

基于共识思维的应用，企业内部实现去中心化，大家人人平等，相互协作，共同做出运营决策，并对最佳决策达成共识后实施。显然能缩短经营路径，提高企业内部成员之间信息交流的速度和效率，具有运营成本低、效率高，以及信息反馈迅速等显而易见的优势。与此同时，企业成员所拥有的所有权明确地对其为企业协力献计献策的积极性行为做出激励。这样，企业成员不需要考虑如何升职这样的杂事，唯一的晋升方式就是获得奖励，而是将全部心思和精力扑在自己的工作上，这样就不会有利益冲突。

共识思维的应用，使得人人平等协作，共同掌管企业，实现人尽其用，能够极大地提升企业工作效率。从某种层面来看，能实现一种“轻型”运营模式。

2.管理者角色终结

传统企业的“金字塔”运营模式，决定了其管理模式也呈现出“金字塔”结构特点，即是一种中心化权威管理方式。在这种管理方式下，实行从中央辐射到下层级的管理。这种管理模式往往鞭长莫及，很多时候起不到很好的管理效果。

在区块链的共识思维下，企业的每个成员都可以将自己视为紧密协作的企业家角色的集体，每个人都能够管理自我。企业成员会先识别自己需要完成的工作，在有工作热忱并有能力完成该任务的人群中分发工作量，并就他们的角色、责任、补偿等问题达成共识，然后将这些权利归纳成为更加明确、清晰、自我执行的协议。这些协议是与员工的绩效息息相关的，所获得的奖金被分配在年薪中，工作任务的完成程度决定了奖金的发放。如果工作任务是书写一行代码，当员工完成书写任务，并通过了测试，那么这笔奖金就会被自动发放到员工账户当中。

显然，共识思维“遵从共识，而非权威”的特点，不但能激励员工形成强大的头脑风暴，还是企业成员实现自我管理的黏合剂，让企业和员工可以实现互利互赢的局面。

区块链共识性给出经济指向性

在过去，企业经济的增长方式是以粗放式经济为主，这种经济模式下，企业在对市场需求毫不知情的情况下大规模生产，以此求得经济增长。但借助这种粗放式经济模式，所获得的结果往往差强人意，反而造成成本高、库存量暴增，由此带来资金流不畅的局面。

当前，互联网和大数据在市场经济中的普及和深入，使得以往的粗放式经济模式逐渐被集约型经济所取代。在这种经济模式下，实现了按需生产、定制化生产，能有效提升产品质量、降低成本，节省库存，还可以提升消费者满意度，由此带来的经济效益非常明显。

在这个“用户至上”的年代，只有一切以消费者需求为主导，才能提升销量，提升经济效益。所以，企业就需要深入消费者群体当中，深入了解消费者的真实需求，才能从消费者的角度设计出满足用户需求的产品和服务，这样才能在本质上与消费者需求达成共识。

对于这一点，区块链的共识思维恰好能为企业的现实经济发展走向给予更多的指向性。区块链世界中，企业需要先与消费者就需求问题达成共识，之后再根据需求设计、生产出相应的产品和服务。这样最终面向消费者的产品和服务恰好是消费者真正想要的，能使得产品和服务实现所谓的“从消费者中来，到消费者中去”。其实，这有点像是按需生产，即用户达成协议后先下单再进行生产，能给市场经济的发展指明方向。

区块链共识思维给出经济指向性，主要从以下几个步骤得以实现：

第一步，提前锁定用户痛点。

要想实现经济增长，前提就是能够有迎合用户痛点的产品。

一个企业在市场竞争中，是成是败，是破还是立，不是完全由企业自身说了算的，而是由市场需求决定的。不能适应市场发展趋势，不能满足市场需求，就算想法再有创意，你的产品和服务再有创新，也会四处碰壁，最终落得竹篮打水一场空。唯有抓住用户痛点的创新才能迎合市场需求，才能赢得市场，才能赢得未来。所以，产品脱颖而出、与用户需求达成共识的关键在于产品能够锁定用户痛点，而这些痛点用户就是产品的目标用户。

第二步，将目标用户纳入产业链之中。

产业链中包含了从原材料供应商→终端产品制造的生产部门→运输部门→消费者（即目标用户）的完整链条。用户才是产业链中最关键的一部分，在产业链中的每一个环节，都是为用户的产品和服务需求而服务。如果将产业链看作是区块链，那么原材料供应商、终端产品制造的生产部门、运输部门、消费者等则都是区块链上的节点，而这些节点就有别于传统的中心化机构，基于分布式特点使得所有的参与者都达成共识，从而使得整个产业链中上下游之间的协作能够变得更加紧密。

第三步，让用户参与监管环节之中。

产品和服务运营得好，才能给企业带来高效益。然而，抓住用户痛点的产品和服务，实际上相当于用户成了产品和服务的间接设计者，参与了设计与创新。只有满足用户需求的产品和服务，才能满足市场需求。然而，用户作为产品和服务的最终使用者，在使用产品和服务的同时也充当了监管的角色。在产业链中，所有的消费者节点对产品的合格与否进行验证，如果产品与最初预设的功能、性质、材质等数字化设定内容对比成功通过验证，则表明产品达标。

能够经得起消费者考验的产品，才是真正符合市场经济需求的产品，而经过以上三个步骤恰好能体现出区块链共识思维的经济指向性特点，为企业的发展指明方向，进而明确整体市场经济的发展朝向。

用共识开启交易、合作与社区的大门

从古至今，人们一直都在寻求一种能够让人们对任何事情都能达成共识的方法。尤其是当下，共识已经成为时代发展的主题。

目前，从整体上看，社会信用环境还比较弱，构建信用的成本比较高，区块链技术凭借一套成本较低的“信任”解决方案的出现，降低了社会信用成本。而基于区块链共识机制的共识思维的出现，使得与信任相关的现实应用越来越多地浮出水面。在每个人遵循一样的共识机制时，才能推动这种与信用有关的应用持续走向更深层次，进而促进信用经济的发展。

正是基于共识机制，才使得区块链技术得以自带颠覆世界的光芒，并被人们广泛接受和认可。在共识机制的作用下，使得处在互联网中的陌生人之间，即便不存在第三方中间机构的信任背书，都可以让无须信任的交易得以实现。共识机制使得冰冷的、机械式的代码富有了温度和人性，也由此开启了交易、合作与社区的大门。

1.共识思维推动交易达成

长期以来，经济学家都在研究人们在面对一笔交易时，如何做决策，如何行事，如何实现价值交换。他们还研究了一些能够促进人们交易的体制，如法律、市场等。但即便如此，都没有找到更加完美的解决方法。

早期，诺贝尔经济学奖得主道格拉斯·诺斯在研究中提出了“新体制经济学”，他这里讲到的“体制”实际上就像是宪法一样的正式规则。他希望通过借助这种像润滑油一般的体制促进经济这个巨大的车轮运转。

举个简单的例子。在古代，很多皇亲贵胄与商户、摊贩进行交易，都是通过一种暴力和社会地位的影响而实现的。这样的交易不是在一种正式交易规则下进行的。

随着社会发展的进一步复杂化，人与人之间交易的范围变得越来越广，并且在社会中建立起了一些正式的体制，如银行、政府等。在这些体制的帮助下，人们在一种具有不确定性和复杂性不断增长的环境中进行交易，但是交易双方的控制力逐渐降低。后来，互联网的出现，带来了诸如支付宝、微信支付、ebay、淘宝等平台，将银行、政府等体制搬到了网上，使得交易速度提升。

道格拉斯·诺斯所研究的就是构建一种全新的体制，以减少交易过程中存在的不确定性，实现所有类型的价值交换。

如今，区块链技术的诞生，凭借全新的共识机制，从根本上改变了人们实现价值交换的方式。区块链本身是一个分布式数据账本，它所存储的是网络中各个节点之间进行的点对点交易信息，它能够告诉人们交易了什么，资产发生了怎样的转移。在时间的推移下，这些记录交易的数据被打包进数据块中，然后这些数据块在密码学原理的作用下，按照时间顺序链接起来。并且这些交易数据在区块链网络中的每台计算机中都实现了同步备份，不会被篡改、伪造，以分布式的形式存储在区块链网络当中。

区块链技术为人们之间创造了一个无须信任的关系，在区块链网络中，所有的节点无须相互认识或信任，都有能力基于区块链的共识机制相互监视和验证，也不必担心数据安全问题。这些优势又进一步反过来促进人与人之间交易的达成。

2.共识思维加强合作紧密度

在原始社会时期，人类社会中就已经有了很多方面的共识，正是在这些共识的基础上，使得人类拥有了区别于其他动物的能力——群体协作能力。事实上，在任何时代，共识都在人们的生产、生活和工作中起到至关重要的作用。

区块链系统当中，在一个特定的时间段内事务的先后顺序达成共识的算法即是共识机制。共识机制决定了区块链节点之间的信任程度，也正是在这种信任的基础上使得区块链各节点之间能够更加紧密合作，对交易信息共同进行验证。这种合作是一种无信任的合作方式，意味着大家彼此之间谁都不认识谁，却依然可以通过系统建立起信任关系，并且共同合作，一起完成一件任务。

其实，我们从另一个角度来看，即基于区块链技术，所有人都可以在任意时间内马上组成一个团体，提供对外合作，这样来看，这种合作又具备无边界、扩展性强的特点。这也正是区块链共识思维的一个非常有魅力的地方。

3.共识思维开启社区共识的大门

这里的“共识性”，是最基础的共识，也是市场交易的前提。区块链经济共识性思维给现实经济带来了更多的指向性。互联网思维里提到的“用户至上”“用户思维”，实际上是从用户的角度设计产品及服务满足用户需求，本质上是与用户需求达成共识。在区块链世界中，这一点恰好相反，是先与用户达成共识，而后采用产品与服务。看上去有点按需生产的意味，即用户达成协议先下单然后再生产。区块链的经济共识性思维，在营销中，这是一种提前锁定用户的策略；在商业模式中，这是将用户纳入产业链之中；在管理中，让用户参与了监管环节之中。

区块链网络是以共识为基石来构筑的，出发点和落脚点都是共识。区块链思维从共识出发，只有共识才能开启交易、合作与社区的大门。如果共识破裂，链也就可能分叉。而区块链共识达成更多地通过平等、自愿、公平的方式达成，这种共识性思维实际上包含了去中心化的特点。

区块链共识思维中的核心竞争力是社区生命力。

那么什么是社区生命力呢？社区生命力的内容包含以下三个方面：

（1）社区成员基于区块链共识机制而彼此建立起来的信任程度，将决定社区成员是否为了同一个目标而共同努力，以及大部分力量是否可以用来创造更多的价值。

（2）社区成员参与经济生态系统建设的积极性决定了社区生命力水平。

（3）所有社区成员都参与的过程中是否经常交流，社区成员是否为整个经济的发展贡献自己的价值，以及每个社区成员是否对社区具有强依附性等。

一个拥有高度共识，具有高度活力和积极参与经济生态建设的社区，将是区块链经济的决定性力量，可以使其在竞争过程中处于领先地位。这也正是区块链经济的核心竞争力在于社区生命力的原因。

总之，区块链的共识思维能够保证区块链交易数据足够安全，也能保证所有的节点成员能够更加高效地合作，以及保证社区能够很好地自运转，特别是在激励机制方面，能推动自治社区在一个良好的环境中运行。

解读：DHL和埃森哲联合通过区块链共识思维管理药品、食品供应链

药物的安全问题是当前人们高度关注的话题，一旦误食，会给人们的身体健康和生命安全带来威胁。

深究造成药品安全问题的主要原因，通常有以下几个方面：

1.药品产销环节

药品产销环节，主要是：由于环境污染等原因，使得原材料的安全问题严重，质量难以保证；生产厂商良莠不齐，个别不良商家以次充好，偷工减料，甚至使用禁用物生产药品；部分中间商追求利益最大化，将低价产品高价销售，甚至知假售假；药物运输过程中出现的信息纰漏以及人为的失误，而造成大量威胁病患生命的情况。

2.药品监管环节

药品监管环节也存在诸多问题，如职能及责任不清晰，使得监管力量分散，难以形成监管合力；法律法规不统一，导致执法难、执法力度不够的弊端；极少数监管部门人员责任心缺失。

基于这些痛点，使得消费者和病患所购买的药品安全问题难以落实。

然而德国物流巨头DHL与咨询公司埃森哲共同合作，借助区块链共识思维管理药品供应链，从供应链方面解决药品安全痛点。

2018年3月，德国物流巨头DHL与咨询公司埃森哲共同合作，开发了一项区块链合作项目，旨在应用于医疗领域，管理药品供应链，实现对药物进行追踪。这成为解决医疗供应链安全问题的有效解决方案。

DHL与埃森哲在这一项目上联合开发了基于六域模型的区块链技术，包括制造商、仓库、分销商、药房、医院、医生这六个节点，都能对药品进行追踪，且获得的药物物流信息是相同的，保证了每个环节上信息的一致性。在物流链里，产品上会配备几个不同的识别符号，它能够让你获取产品从生产到终端消费者的整个物流流程。物流链上的每个节点能够实时验证信息。如果有人篡改或删除了某条记录，那么每个人都会知道。因此，这一项目通过区块链的共识思维，有效解决了供应链中各个环节的信息不对称的问题，同时也由此确保了药物从被生产出来到最后到达病人手中的是同一瓶。

目前，该项目的实验室模拟结果显示，区块链技术能够处理超过70亿个不同的药物序列，速度约为每秒1500个。可见区块链技术在药品供应链管理方面的效率极高。

另外，DHL与埃森哲还基于区块链的智能合约技术，帮助物流业实现商业流程的自动化，从而保证了患者在收到药物时，能够在系统的约束下实现款项自动交易，这样既提高了交易效率，又保证了双方交易的安全性。

【解读】

基于区块链的可追溯、不可篡改的特点，DHL与埃森哲将区块链技术应用于药品供应链管理当中，实际上是借助区块链的共识思维对传统药品供应链的一种升级，使得任何药品都能够在区块链上得到验证，最大程度地保证了药品的追溯性，药品在供应链环节，包括原材料、原产地、原料运输等所有环节，最大程度上保证了药品的可追溯性，使得药品盗窃与虚假销售无处下手，更重要的是保证了患者的用药安全，从根本上改善了药品造假的问题。

DHL与埃森哲的这一合作项目，从根本上促进了制药企业严格按照药物供应安全法案的要求实施药品生产的各项流程，在防止篡改、降低伪造风险和拯救生命方面取得了巨大的进展，对于改变现有的全球药品安全问题起到了极大的推动作用。

延伸阅读

为了加强食品安全，国家重点推进区块链等技术在食品安全监管领域的应用。

2019年5月20日，据中国政府网消息，中共中央、国务院发布《关于深化改革加强食品安全工作的意见》（以下简称“《意见》”）。

《意见》指出，食品安全关系人民群众身体健康和生命安全，关系中华民族的未来。党的十九大报告明确提出实施食品安全战略，让人民吃得放心。这是党中央着眼党和国家事业全局，对食品安全工作作出的重大部署，是决胜全面建成小康社会、全面建设社会主义现代化国家的重大任务。

《意见》提出，提高食品安全风险管理能力。推进“互联网+食品”监管。建立基于大数据分析的食品安全信息平台，推进大数据、云计算、物联网、人工智能、区块链等技术在食品安全监管领域的应用，实施智慧监管，逐步实现食品安全违法犯罪线索网上排查汇聚和案件网上移送、网上受理、网上监督，提升监管工作信息化水平。

2020年体系初步建立。《意见》还指出，计划在2020年，基于风险分析和供应链管理的食品安全监管体系初步建立。农产品和食品抽检量达到4批次/千人，主要农产品质量安全监测总体合格率稳定在97%以上，食品抽检合格率稳定在98%以上，区域性、系统性重大食品安全风险基本得到控制，公众对食品安全的安全感、满意度进一步提高，食品安全整体水平与全面建成小康社会目标基本相适应。

2035年基本实现现代化。《意见》中还强调，2035年我国将基本实现食品安全领域国家治理体系和治理能力现代化。食品安全标准水平进入世界前列，产地环境污染得到有效治理，生产经营者责任意识、诚信意识和食品质量安全管理水平明显提高，经济利益驱动型食品安全违法犯罪明显减少。食品安全风险管控能力达到国际先进水平，从农田到餐桌全过程监管体系运行有效，食品安全状况实现根本好转，人民群众吃得健康、吃得放心。

第六章

用区块链思维拥抱时代，挖掘商机

区块链技术是互联网发展的更高阶段，当前区块链时代已经近在眼前，人们在拥抱互联网思维的基础上开始拥抱区块链思维，用全新的区块链思维进行自我认知的革新，并将区块链思维应用于多元化商业场景中，以此来挖掘更多的商机。未来已来，唯有加快区块链技术和区块链思维的落地，才能与未来同行，才能走进未来。

区块链思维正在改变一切行业

2018年8月5日，在北京举办的首届中国区块链媒体社会责任论坛上，各界区块链大咖发表了自己的观点。著名新经济观察家李光斗发表的讲话中提到：区块链媒体是运用区块链的分布式、去中心化、匿名、共同维护的技术特征，能发Token的媒体，而不仅仅是报道区块链题材的媒体。区块链有币圈、链圈、矿圈、教育圈、媒体圈，区块链将改变所有行业。区块链思维是从自媒体到自品牌，再到自商业。区块链财富革命与未来途径是从“互联网+”到“区块链+”，区块链可以让所有的生意重做一遍，将在金融、电商、娱乐、社交、服务行业、物联网、法律、公益等行业中发挥作用，区块链技术将带来真正的共享经济。

“区块链将改变所有行业”，的确，自2018年初，区块链就作为一个新风口进入公众视野，很多人也坚信区块链能够影响很多行业，同时也认为区块链就是未来，是互联网的真实显现。

从区块链发展的实际情况来看，区块链也确实不负众望，在区块链思维模式下的社会生产关系变革比互联网思维更加超乎我们的想象。在区块链思维模式下，最有效、最实用的价值信息可以被透明化，可以实现点对点的生产和传播；在区块链思维模式下，每个人都可以不依赖中心机构而建立信任关系，并安全地完成一笔交易；在区块链思维下，每个协议、每个流程、每一次支付都被分布式记录、存储，并且能够被验证，保证不被篡改，所有的参与者在奖励机制和竞争机制下，共同为某一价值行为买单。

正是基于区块链思维的这些特点和优势，使得区块链思维有在各个行业实现变革性创新的能力，具备改变一切行业的能力。其原因是区块链思维重构了信任关系，实现了零边界。

在人类社会发展中，“信任”经过了三个阶段：

1.第一阶段：基于熟人的信任

原始社会，人们的活动范围很小，所以人与人之间进行交易，是完全建立在对熟人信任的基础上实现的。

比如村里老张向老王借了一斤米，如果老张不还，整个村子的人都会知道老张借米不还的事情，于是以后就不会有人再借任何东西给老张。这种情况下，不诚信的成本是很高的。

2.第二阶段：基于中间机构的信任

随着生产力与生产关系的不断提升，人们的活动范围逐渐扩大，人与人之间的交易也不限于熟人之间，陌生人之间也开始有了交易的需求。由于陌生人之间相互不认识，所以在交易的过程中会对对方不信任。为了解决这个问题，便出现了诸多中间机构，像银行、担保公司等。在这个阶段，人与人之间基于中间机构建立关系，进行交易。

互联网作为一项全新技术的出现，并没有改变以往的信任机制，越来越多的中间机构参与到交易过程中，为交易双方进行信任背书。然而这些中间机构的本质即是总账本。

以银行为例。当老张向老王借款，老王向老张转账时，银行会对老张和老王的每笔收入和支出账务都记录在账本中，即老王的账本中会添加一条支出记录，而老张的账本中会同时添加一条收入记录。银行在这个过程中的操作是准确无误的，所以我们对银行信任。我们可以发现，银行的出现已经改变了原有的信任方式。

3.第三阶段：基于去中心化的信任

区块链思维重构了人与人之间的信任，为商业领域注入了全新的信任关系，实现了传统的小范围内的基于熟人之间或第三方信任关系的合作网络，转变为了一种基于公开透明的点对点合作。

这样，任何规模的商业机构都可以创造一个完全可信和被完整执行的规则体系，使得彼此的交易实现无边界的特点，供应链也呈现出多节点全网性的特点。而零边际成本的价值流动又完全颠覆了传统金融市场的基本结构，让资金的流动性变得无处不在。从而使得资产流通和服务不再需要传统的商品和金融中介参与，就能实现价值的连接。

所以，区块链思维可以被看作是一种去中心化，融入多方共识机制、密码学、代币经济学的思想，可以实现人人参与、人人贡献价值、人人获益，并运用分布式思维、代码思维、共识思维构建的新型生态级价值互联网，使得生产者、消费者、分解者之间没有边界。而区块链思维作为一种全新的思维体系，能够改变人们固有的认知，实现对现有生产关系的颠覆，实现组织自治、自管理。正是基于信任关系的重构，使得区块链思维能够改变现有的各行业运行模式。

以食品行业为例。当前食品安全是人们十分担心的问题，食品安全链将解决人们一直担心的食品安全问题。菜鸟与天猫国际联合开发了一个全新的区块链技术项目，用于开启区块链技术进行跟踪、上传、查证跨境商品的全链路信息。该产业链涵盖了所有商品的生产、运输、通关、保险、第三方检验等全流程，为每一件商品包裹贴上独一无二的“身份证”，通过自管理的方式能保证消费者的权益安全，让消费者买得放心、用得舒心，不必为产品安全问题担心。

在食品溯源领域，方丽菲老师和刘桂英女士带领玖品醇团队本着让广大消费者“买得放心、吃得安心、结果开心”的原则，构建了实用有效的食品溯源的完整链条，有效践行了区块链思维。区块链思维为各行业的发展提供了一个全新的技术思路，同时在信任重构的基础上为各行业构造了全新组织方式，这也正是区块链技术改变一切行业的原因所在。

没有区块链思维将是你未来的硬伤

在互联网时代，如果只知道借助互联网应用于各领域，而不懂得互联网思维，没有互联网思维做引导，是很难在应用过程中真正取得成功的。在区块链时代，同样如此。区块链思维比技术本身更重要。如果说没有区块链技术是行业发展的软伤，那么没有区块链思维则是行业发展的硬伤。

为什么这么说呢？原因有以下几个方面：

1.价值传递无需干涉

区块链本身是一门结合分布式存储、非对称加密、点对点传输等技术进行创新的技术。区块链的精髓实际上就是解决个体之间的信任问题，区块链在应用过程中，更多体现的是一种思维方式和思考方式。所以，如果把对区块链的理解仅仅停留在比特币上，显然对区块链的认知过于狭隘。

区块链被看作是价值互联网，它存在的意义就是通过去中心化的特点，解决人与人之间信任的问题，以及提升价值流动的效率，更重要的是，区块链思维可以为很多领域带来巨大的变革，为各领域带来新商机。

区块链思维的普及，会给予我们生活息息相关的各领域发生翻天覆地的变化，包括金融、电商、娱乐、社交、服务行业、物联网、法律、公益、医疗、物流、交通、数字版权、政府管理等行业，区块链思维使得各行业都将实现变革和重塑。

区块链思维就在于，不论是谁、什么样的企业，只要通过网络，就能相互信任产生交易，不需要任何中介参与进来干涉。这也正是区块链思维与互联网思维最本质的区别。

基于这一点，区块链思维为所有的个体户商家和企业打开了全球化生意的大门，让其把生意延展到世界的每一个角落。这是价值互联网发展给所有行业带来红利的时代，也是所有人、所有企业、所有国家迎来一次新风口和逆袭的大好机会。

2.潜力巨大，民心所向

任何事物，看不见、摸不着并不等于不存在。就像是空气，我们虽然看不到，却真真实实地存在着，且与我们的生命息息相关。

当初互联网出现早期，人们不能像看实体物质一样看清楚互联网，所以也很少有人真正懂得什么是互联网。随着电脑的出现，人们开始学习用电脑打字、办公、上网，才逐渐开始了解互联网；随着移动终端（手机、平板电脑）的出现，人们开始对移动互联网有了更深入的了解。互联网的进化速度越来越快，而人们对其真正得以了解，是基于互联网的应用。

同样，虽然区块链目前已经从概念阶段过渡到了应用阶段，并且随着区块链技术的不断更新升级，不断的标准化和规范化，不断地与更多的商业场景相融合，区块链所蕴含的高效益、低成本、安全性强，以及公开、透明、公正等特性都将更好地呈现在人们面前。再加上区块链能够满足社会民众的强烈诉求，能够打破垄断，抵御腐败、防范欺诈，这是民心所向、众望所归。但区块链还蕴含着诸多让人心动的巨大潜力，尚待人们去挖掘，并为人们解决更多的问题。

3.思维差异化带来全新创富机会

任何一项新技术的出现，都能为人类的发展带来福利。互联网的出现让人们的生活变得更加便利、快捷、高效；区块链技术消除了信息安全隐患、重构了信任关系等，让人们的生活变得更加趋于完美。传统互联网与价值互联网并非对立，价值互联网是在传统互联网基础上形成的，并且两者相互补充、相互完善、相互依存。可以预见，在一段时间内，传统互联网会与价值互联网相互协同，共创共赢。更重要的是，区块链思维作为一种思维模式的创新，其与互联网思维的差异化，必将为全社会带来全新的创富机会。

用发展的眼光看区块链思维

2018年可以说是区块链的爆发年，全世界范围内都刮起来一股研究区块链应用的浪潮。我们不可否认，区块链的确给予我们生活息息相关的各领域的发展带来了极大的推动作用，但在区块链异常火爆之际，我们需要冷静下来思考，区块链技术到底如何发挥其应有的作用？区块链发挥了什么样的作用？

我们所生活的这个时代是一个随着时间推移而不断演变的时代，所以，我们看待区块链和区块链思维的时候，要用一种发展的眼光去放眼四周、放眼未来。

在研究区块链思维的过程中，首先要回答以下三个问题：

1. “区块链思维”是什么

目前暂时还没有“区块链思维”的确切定义，但区块链技术当前最大的意义在于其运行机制，即通过技术的精巧组合，实现资源的公平分配，从而保证社区成员目标一致、行为规范。区块链思维让我们看问题、想办法的时候能够从另一个角度、用另一种方法去思考。所以，大致可以认为借助区块链思维可以实现技术架构的可靠性、资源分配过程的公平性、成员行为的一致规范性。

2.用“区块链思维”能够做什么

区块链技术在很长一段时间内被人们认为是“比特币技术”，所以错将比特币看成了区块链的代名词。但如果将比特币架构直接应用于其他区块链技术应用场景中，难免会不合时宜，毕竟区块链是比特币的底层技术。然而在区块链思维的作用下可以使人越过比特币架构，从内涵层面整体认识区块链技术体系。当前，区块链技术已经先后经历了1.0时代、2.0时代、3.0时代，这些都是“区块链思维”的具体体现。

3.如何使用“区块链思维”

区块链最显著的特点就是集分布式记账、非对称加密、点对点网络传输等技术于一身，从而保证交易数据不被篡改、全程可追溯，从而使得传统的信任难题得以迎刃而解。基于区块链的这些特点，区块链技术可以在诸多应用场合发光发热，并且其外延也能够不断拓展，如区块链与激励机制相结合、智能合约的发展等，最终都是通过区块链技术来确定真伪，让价值在互联网上直接流通，从而实现真正的机制互联网。

技术是推动人类文明进步和发展的重要驱动力，区块链技术的出现，并且在各领域丰富的应用，使得区块链技术大放异彩，同时区块链思维模式带动了各领域健康发展。在区块链大热之际，我们更应当去伪存真、凝聚共识，用发展、科学的眼光去看待区块链，去看待区块链思维。

区块链技术经历了近十年的发展历程，纵观其发展的过程，我们不难发现，其实区块链与早期的互联网技术十分相似：

■都是从小众的学术圈走向中间的商业圈，然后再逐步向大众的社会圈扩展。

■在早期，都是被赋予了实现个人自由、平等的价值理想。

在后期，互联网的发展逐渐将实验室中的经典架构与现实社会相结合，从而使得最初的理想状态在短暂的时间里结束。再后来，资本与技术的博弈，又推动了互联网技术的演变，出现了移动互联网，其发展和应用呈螺旋式上升。总之，我们应当更加理性地用发展的眼光去看待一项新技术，我们当前所看到区块链的热点，只是区块链发展的起点。互联网思维是从互联网的发展过程中逐渐衍生伸出来的一种思维模式。区块链思维正如当初的互联网思维一样，是由区块链衍生而成的，所以我们如果用发展的眼光看待区块链，那么我们也应当用发展的眼光来看待区块链思维。

区块链思维在各行业蕴藏无限商机

区块链在2018年初就作为“第一个风口”，让很多人畅聊和畅想区块链的未来，人们坚信区块链世界才是互联网的真实显现，是回归互联网本来意义的唯一希望。在区块链革命下，现实社会关系比人们想象的更加绚丽多姿，这里有最有效、最实用的价值可以被公开透明、点对点地进行传播；人们可以在不需要中间机构的信任背书下，就能够建立起坚不可摧的信任关系，实现零边际成本数字资产的顺利转移。这也正是区块链思维的本质特征。基于这些特征，区块链思维在各领域中的应用蕴藏着无限商机。

具体来讲，区块链思维的应用领域包括以下几个方面：

1.金融领域

（1）区块链分布式思维+跨境支付与结算

当前，跨境支付的发展正盛，然而在跨境支付领域却存在诸多痛点，如手续费极高、周转时间长，跨境支付诈骗行为越来越猖獗，中间环节居多，中介角色充当信任背书角色。基于这些缺点，运用区块链分布式思维可以摒弃中转银行的角色，实现点对点快速且成本低廉的跨境支付。区块链分布式思维在跨境支付与结算场景中的应用，带来的巨大优势体现在：

①降低操作成本和费用

区块链分布式思维的应用，使得传统的中间银行无需参与其中，就能实现支付和交易，免去了中间费用，从总体上降低了操作成本。

②安全性能更有保障

区块链分布式思维使得跨境支付与结算的过程中由交易双方进行，没有银行等中间机构的干预，使得交易安全性得到了更好的保障。

③交易速度和效率提升

在分布式思维下实现了交易双方点对点支付，省去了传统的中间环节，节省了交易时间，使得支付更加便捷、快速，满足了跨境电商支付与结算的即时性和便捷性需求，能从整体上提升交易速度和交易效率。

以Ripple为例。美国旧金山有一家名叫Ripple的区块链技术公司，该公司旨在利用类区块链技术概念发展跨境支付和结算。Ripple借助区块链的分布式思维建立了一个没有中心环节的分布式数字支付网络，采用分布式的身份认证技术，帮助全世界的中小型银行，以及用低廉的成本实现瞬间跨过转账业务。该业务的实现是通过在全网统一网络金融传输协议取代传统环球同业银行金融电讯协会的跨境转账平台实现的。Ripple的跨账本协议实际上是让所有参与协议的各方都能够看到相同的一个账本，通过Ripple的网络，银行客户可以实现点对点跨国支付与结算，整个过程中不需要中心组织参与管理，并且各国的货币都可以实现快捷支付与结算。另外，Ripple借助于类区块链技术，使得传统模式下的中间环节和中间人都全部被砍掉，直接让小银行与小银行之间能够进行沟通，这对于小银行来讲的确是个福音。当前，Ripple已经与全球17个国家的银行展开合作，使得这些合作银行的费用大幅降低。以欧洲一家名为“菲罗”的银行为例。在与Ripple合作之前，客户要在其进行开户并转余额的时候，就必须通过其他银行账户把余额转进去，没有存款网点。但是在与Ripple合作之后，以前的手续费是每笔5欧，现在则是0.49欧，手续费相当于降低了1/10。之前需要2个工作日才能完成转账，如今可以实现瞬时到达。这无论对于银行还是客户来讲，都带来了很好的体验感。

（2）区块链代码思维+银行征信

金融体系中，征信是金融信用体系中最为重要的一环。但传统征信领域中，由于信用信息不对称、数据采集渠道受限，数据隐私得不到有力的保护，这些又使得征信管理难上加难。

区块链代码思维应用于银行征信，可以有效解决征信监管难的问题。区块链代码思维本身涉及的就是密码学方法的动态编程数据块链，本质上是对数字世界中产生和存在的数据与代码进行认证，使得某类区块链协议的数据或代码被赋予某类共识性信任。因此，利用区块链代码思维可以有效解决在数字化社会中存在的数据与代码的身份和信任问题，从而极大地提升银行客户信用体系构建的能力，对于银行征信将起到极大的操作风险和信用风险的把控作用。

（3）区块链分布式思维+数字票据

票据可追溯的历史十分悠久，最早的票据是以兑换证书的形式存在的，当时由于每个国家的法定货币是不一样的，所以商人在结算的过程中十分不方便。于是在大家达成一致共识之后，就出现了通用货币，这样交易结算就非常方便。后期，汇票添加了新功能，即银行汇款的支票。当下，为了更加便于携带和操作，数字票据作为票据的又一种新的形式出现在人们的生活中。

数字票据本质上是一种全新的、基于区块链随机数构建的智能化、具有可编程能力的电子票据。与现有的电子票据相比，数字票据借助区块链的分布式思维，使其在搭建和数据存储过程中省去了中心服务器，也不需要中级应用参与其中，这样可以带来四个方面的好处：

①有效节省中心应用和接入系统的开发成本。

②与传统的电子票据相比，大幅降低了系统的维护和优化成本，这些成本来源于设备投入、数据备份、应急管理等方面。

③大幅减少传统的系统中心化所蕴含的风险，有效杜绝了集中模式下系统出现的崩溃或被黑客侵犯的问题。分布式数据库具有强大的容错功能，不会因为其中个别节点的出错而影响所有参与者的运转，更不会影响数据的进一步存储和交易信息的更新。

④较传统的电子票据中心化模式而言，没有了中间环节的服务器能够降低因数据反复被记录和保存的成本，每个参与者所记录的数据账本，既是分账本，也是总账本。

（4）区块链代码思维+股权众筹

当前，不论是投资还是创业，都离不开股权众筹，因为股权众筹对个人、企业乃至国家的影响都十分巨大。

在股权众筹中，众筹合约是非常重要的一部分。区块链的智能合约技术能够确保合约在履行过程中不被篡改。而智能合约是写在区块链上的一段代码，在智能合约建立、存储、执行的过程中，只有这些代码才能保证合约的顺利执行。这体现的正是区块链的代码思维。具体来讲，在发起股权众筹的时候，发起人、众筹平台、领投人、保荐人等都需要签署众筹合约，且签署的是同一份合约，在这份合约中，各方约定各自应当承担的义务和责任。这份合约以智能合约的形式存储在区块链当中，进而借助区块链的代码思维来保证合约自动执行的同时，使得合约内容不被非法篡改。

2.数字版权领域

当前，版权问题严重，各种抄袭、原创作品被洗稿、作品被盗用等不良行为影响了版权领域的安定。再加上当前互联网发展得到全面普及和应用，使得每天有数以万计的数字内容在互联网中“裸奔”。当前版权保护领域存在的痛点急需改变。

效率低：由于技术有限，传统版权登记的周期较长，通常需要20个工作日才能完成。这与网络时代作品“产量多、传播快”的特点相左。

收费高：版权登记的价格偏高，通常单件作品登记的服务费达到500元。

维权难：平台投诉手续繁杂，法律诉讼成本过高，这就使得很多作品原创作者选择了沉默，带来的结果就是侵权行为更加猖獗。

那么作品原创作者该如何维护自己的版权利益呢？区块链的分布式思维可以化解原创作者进退两难的尴尬。借助区块链分布式思维在知识产权资产管理的过程中进行知识产权资产存在性证明（简称PoE，是在不泄露文件内容的情况下证明其文件的所有权，为文件在某一特定时间的所有权提供证明）。去中心化是区块链的特点之一，借助区块链的分布式思维，用数据块取代了传统的服务器，使得每个参与区块链系统的节点都是一台主机，所有的数据变更和所有的交易信息都被记录在云系统中。

另外，还可以通过区块链代码思维来维护原创作者的版权。当满足一定条件时，就会触动智能合约自动执行的“机关”，在无需中介商介入的情况下，就可以根据代码所编程的语言自动解决版权内容访问、分发等方面的问题，有效维护原创作者的合法权益。

Ralf MUller创建的多伦多工业摇滚乐队22HERTZ就是融入区块链思维，实现对数字版权保护的典型案例。

Ralf MUller将该乐队新单曲的版权用编码的形式编入区块链当中，创造了完整歌曲的哈希值，并将其作为所有权证明。歌迷如果想购买正品CD，可以直接在乐队的在线商店支付相应的比特币即可获得，同时还可以用比特币进行打赏，免费下载歌曲文件。

这样，音乐家通过区块链技术将歌曲开发成了一个公平的可持续的音乐生态系统，将歌曲变成了业务，借助智能合约保证交易的顺利进行，不但可以保护音乐版权，还可以让音乐创作者获得报酬。

3.医疗领域

当前医疗领域的发展水平虽然较过去有了极大的改善和提升，但在诸多方面依然存在许多亟待解决的问题。如医疗数据孤岛、患者隐私泄露、药品伪造等，区块链思维无异于一剂良药，能够很好地解决这些难题。

（1）区块链共赢思维实现医疗数据共享、共用与共赢

在过去，医疗数据往往掌握在那些大型医院或者医疗技术行业。绝大多数人认为，谁掌握的数据规模越大，谁就在该领域拥有强大的话语权，谁就能垄断该领域，成为该领域的霸主。但一家独大，不如拿来共享。毕竟，某一大型医院或医疗技术企业虽然掌握绝大多数的医疗数据信息，但所掌握的数据信息并不全面。只有怀着一种分享、共享的心态，与其他医疗机构进行数据共享，才能实现共赢。

区块链思维是一种共赢思维，就是一种实现“有福同享”的思维。这种思维模式打破了以往那种保守、孤军奋战的行业弊端，每个节点都可以将自己所掌握的健康数据信息分享给他人，利于医疗商业间的协作和数据

共通，为医疗行业带来一种崭新的协作商业模式，同时也用思想语言为全世界人民的健康赢得了有力的保障。

（2）区块链代码思维解决患者隐私安全问题

对于医疗行业来讲，一个最大的痛点就是患者医疗隐私泄露问题。但在区块链代码思维的应用下，这个问题得以迎刃而解。

区块链本身最大的优势就是能够实现多私钥的复杂权限保管。在借助区块链代码思维对患者隐私安全进行设定，单个病例分配多个私钥，并规定用代码编程访问规则，无论是医生还是护士，要想使用患者隐私数据，只有经过患者本人许可，利用私钥解密，才能将这些有关隐私安全的数据用作医学研究使用。

（3）区块链自组织思维改善药品防伪问题

药品安全问题一直是医疗行业难以逾越的“硬伤”，给制药企业和患者带来巨大的经济损失和健康威胁。制药企业可以利用区块链的自组织思维，将原材料供应商、制药商、批发商、运输商、医院组织起来，打造药品供应链，对所有记录在供应链上的有关药品的信息进行验证，最大限度地保证药品的可追溯性，保证患者的用药安全，从根本上改善药品造假的问题。

美国制药公司和食品药物管理局（FDA）利用区块链的自组织思维跟踪处方药品，作为检测和终止市场上假冒药品的有效途径。

借助区块链自组织思维改善药品防伪问题的方案是由旧金山区块链初创公司Chronicled及其合作伙伴LinkLab（一个生命科学供应链公司）提出的，通过对制药厂商、批发商、医院共同打造的药品供应链进行项目试点应用，并在应用后证明这一方案是遏制美国以及其他地区假冒药品销售的可行、可信手段。同时，也证明区块链自组织思维是一种更低成本、更高安全性的用来改善药品防伪问题的思维模式。

4.物流领域

当前电商兴起，由此而带来了物流行业的蓬勃发展。然而，在物流业“大展宏图”之际，也存在很多问题，如丢件漏件问题严重、伪签行为频发，区块链思维能为物流领域赋能，还物流领域一片蓝天。

（1）区块链自组织思维方式保证货物安全，避免丢包与伪签

借助区块链自组织思维可以将物流货物的各个环节记录在物流链当中，直接追踪定位物流运输的各个环节。这样，消费者可以随时在区块链上查看包裹的运输信息，包括包裹的内容、位置信息、经手人有哪些等，可以有效对包裹进行实时追踪，有效防止丢件、漏件发生。另外，基于自组织思维打造的物流链，无论是卖家、快递员还是买家，都有自己的私钥，只有私钥匹配后才能签收并拿到包裹。这就能有效杜绝伪造签名的现象。

2018年3月20日，第三届全球物流技术大会上，腾讯与中国物流与采购联合会（简称中物联）共同签署了战略合作协议，并发布了双方首个重要合作项目——区块供应链联盟及运单平台。腾讯发力区块链，运用其自身的优势（社交资源）与中物联携手，并融合区块链技术，共同在物流领域搭建应用场景。双方就推进汽车物流、电商物流、冷链物流、医药物流、危险品物流、公路货运等各类垂直物流与供应链专业领域的应用。这一项目可以记录包裹信息，如包裹内容、包裹所处的环境条件、包裹位置信息等，并结合区块链的自组织思维，将加密技术用于监管配送，确保包

裹投递的精准性。腾讯的这一举措有效推进了物流行业的升级。

（2）区块链共赢思维实现职业黑名单信息共享

在物流行业，也会存在一些行为不良的从业人员，对于这些人员的黑名单，通常是以线下的形式存在。区块链的共赢思维可以驱动每个物流公司将本公司的从业人员黑名单都记录在区块链上。这样整个物流行业中的众多节点能够对物流从业人员黑名单信息进行分享，可以有效避免因黑名单中的人员而影响物流包裹的安全性。

5.工业领域

工业领域的发展先后经历了四个阶段，即机械制造的工业1.0时代、电气自动化的工业2.0时代、电子信息化的工业3.0时代、人工智能化的工业4.0时代。虽然工业领域随着不同时代的发展有了更大的进步，并且给我们的生活带来了更多的便利和美好，但这依然是工业领域发展道路上其中一个阶段，并不代表工业领域的发展已经到了最高点。区块链思维应用于工业领域，将成为推动工业领域向前迈进一步的重要“臂膀”。

区块链思维在工业领域的应用，主要是强化产品质量控制力度。

工业4.0时代，一个最典型的运行系统就是MES（即制造执行系统），借助该系统可以帮助制造业企业对产品进行更好的信息化管理。有了MES系统，可以从原材料供应商、生产商、质检方、运输商等各环节实现对生产数据的采集和跟踪、物料管理、生产监控、质量追溯等，从而保证整个产品生产过程能够有序进行。当某一环节出现问题时，可以根据系统的自动报警和提示做出相应的处理工作。

区块链自组织思维模式下，每件产品从订单生成到生产环节，再到运输环节，最后到消费者手中，产品的流动信息都是透明的，如产品在哪个车间的第几号机器上生产过、经过哪些工人之手、是否检验合格等，所有的制造环节都被赋予智能化，强化产品质量把控的力度，能真正实现智能制造。

英国有一家区块链初创公司Provenance，旨在用区块链的自组织思维构建一个全新的产品生产制造系统，用区块链技术建立消费者对产品生产制造旅程的信任。消费者可以通过了解有关产的制造环节、原材料来源、产品的运输环节等，对产品信息进行验证。Provenance所构建的区块链思维在工业领域的应用，让生产商和零售商从更好的产品跟踪和为客户提供的这些信息的过程中获益。显然，Provenance对区块链思维在工业领域的应用实现了多方共赢的局面。

6.公益慈善领域

公益慈善本身是一项可以提升社会公信力的事业，然而，诈捐门频出，再加上有人借着公益事业博取他人同情的同时，用欺诈手段骗捐。这些恶劣行径，无疑给民众对公益慈善的热情浇了一盆冷水。而对于捐款者来讲，更多关心的是所捐款项的去向如何。很多时候捐助款项的流向情况和使用情况，捐款者是很难得知的，这让民众对善款的去向缺失了安全感。

区块链思维在公益领域的应用，可以推动公益事业的发展。区块链的自组织思维可以用于对捐献资产进行溯源，能够解决捐款资产溯源问题，那么其中的诈捐、骗捐、款项去向等问题都随之解决。

在区块链自组织思维应用于公益捐赠过程中，无论是捐款人还是受捐人都会加入公益区块链当中，所有加入区块链的相关公益参与者都可以自发形成一个自主管理、自主监督的公益基金组织。区块链的本质是一个人人都可记账的分布式账本，在这个账本上，受捐人所获得的每一笔善款的使用都变得透明化、公开化。这样不论是传统线下公益还是在线上进行的互联网公益，公益基金组织无需耗费大量的时间和精力去做信息披露的工作，捐赠人就可以对善款的去向和使用情况有清晰的了解。这样，就能保证每笔款项都能用在刀刃上。

美丽中国与京东合作共同发起“守梦天使寻找之旅”公益项目，该项目是我国首例应用区块链技术进行物资公益捐赠流程追溯的尝试。美丽中国和京东的此次合作，创新性地开拓了科技赋予公益事业的“超能力”。

具体来讲，美丽中国与京东公益平台对接，通过项目老师获取农村学生的物资需求，然后与京东公益平台的资源相匹配。京东在该项目中主要负责线上物资的募集工作，并通过京东物流系统将所获捐的物资运送到美丽中国的项目地点，然后由项目负责老师将物资发放给孩子们。当整个项目流程结束之后，京东会将一条京东区块链追溯证书的公益项目追溯流程链接发送给每位捐助过爱心的人，只要点击该链接，就可以看到爱心人士所捐赠物资的物流信息、当地教师接受物资的信息，以及孩子们的物资接收反馈信息。在这个追溯过程中，所有的信息都是透明化的，极大地改善了爱心人士网上捐赠的体验，有助于形成健康良性发展的公益生态。

在整个物资追溯过程中，京东公益和美丽中国创新性地利用区块链自组织思维，将区块链技术融入公益事业当中，按发运批次对捐赠物资的流程批次信息进行采集、整合、记录和展示，从而保证流程信息不被篡改，并实现全程可追溯，爱心人士可以对所捐赠的物资去向一目了然，更有效提升了其全面积极参加公益事业的热情。

其实，公益和类公益项目最大的痛点，就在于供给侧的不确定性（如参与公益的门槛较低、个体参与随心较强）和激励的不确定性。而区块链的自组织思维能使各个关联方的参与热情受到激发，并能够更好地量化每个个体的实际贡献。

7.智能交通领域

目前，交通拥堵成为全球性问题，并由此而引发交管问题、环境污染等，成为亟待解决的问题。

据哈佛大学公共卫生学院研究发现："交通堵塞中的通行者大多都暴露在有毒的烟雾当中，美国前83个城市和地区每年有超过2200个通行者过早死亡。"另外，交通拥堵还会带来巨大的经济负担，根据一家名为INRIX的道路交通公司预测："2013年至2030年，法国、德国、美国将因交通拥堵累积成本金额达到4.4亿美元。"可见，改变现有交通堵塞问题已经成为刻不容缓的事情。

区块链技术和区块链思维将为交通拥堵提供很好的解决之道。

（1）新交通信息管理模式

①多类型协同管理

由于交通拥堵很多时候是交通管制力度不够造成的。交通信息从采集到分析，从发布到更新，整个流程都是由交通管制机构完成的，民众与其他政府部门参与其中的机会甚少。这样就使得交通信息的传播和管理完全呈现出一种封闭的特点。利用区块链的分布式思维，可以使得交通信息呈开放管理模式，民众也可以作为一个独立的节点参与其中发布实时交通信息，这样就会让交通信息的变更和传播更为及时，有效帮助驾车人员了解实时路况，可以选择绕行的方式减少交通拥堵情况。

②减少信息差错率

很多时候，民众上传的路况信息很难保证真实性和精准性。借助区块链的共识思维，可以使得广大民众成为区块链上的一个个单独的节点，当有一个节点上传路况信息后，其他节点可以对该节点上传的信息情况进行验证，如果成功通过验证，则该路况消息可以成功传播。这样就能有效减少民众在上传路况信息过程中出现的信息差错率。

以上的全新管理模式，使得民众协同参与到交通信息管理模式当中，放权给民众的同时也能保证信息合理性、真实性、精准性。这对于交通职能部门建立全新的管理模式来讲大有裨益，而且有效减少交通拥堵情况的发生。对于民众而言，采用开放式的区块链共识思维，使得信息在公开透明的基础上实现信息的发布和流通，能实现多元力量参与交通管理，增强民众参与交通管理的积极性。

（2）实现真正的绿色出行

要想实现真正的绿色出行，应当在原料消耗方面入手。用户可以使用电能来减少传统尾气带来的环境污染。当前新能源汽车正受到国家的大力支持，使得新能源汽车的保有量迅速增长。同时，共享新能源汽车的出现，也使交通领域的环境较以往有了较大的改观。然而，充电桩数量有限，难以与新能源汽车增长的数量相匹配，并且难以实现新能源汽车选择合适的充电桩进行充电，成为当下两个棘手的难题。

当前，一些充电App借助车载信息网络帮助用户选择停车为和充电交易操作。用户可以在该App上查看最近的电桩地理分布，然后按照自己的意愿进行随机选择。在充电完毕后，交易过程有后台的中央处理系统完成。

这种方法没有充分考虑到出行者的个体需求差异性，另外中央处理系统集中管理的模式，不能保证实现人和机器之间进行交易的公平性和透明性。

区块链技术的出现，以及区块链代码思维的利用，可以有效解决以上问题。采用区块链分布式思维，构建智能充电合同，可以有效帮助用户选择最佳的停车、充电位置，车主选择服务的整个过程完全是自由选择。

具体实现流程是，用户在选择充电桩前，会充分考虑路线规划、汽车电池状态、排队等待时间、充电时间等，然后再向沿途各个充电站提出付费申请。这样在区块链的分布式思维下，所有用户都是平等、公平的，一旦智能合同开始执行，用户就能确定最终停车和充电的位置，以及充电价格。

（3）保证车联网中用户信息安全

车联网是当下一种先进的智能感知技术，可以实现车辆首位交通状态的数据采集，使得车辆为用户提供更加优质的导航服务，实现交通信息的大范围协同和共享，同时可以实现智能避障等。

然而，车联网中的信息一旦被黑客篡改，原本保障用户安全的功能则彻底被瓦解，反而会给该用户带来生命危险。区块链的代码思维可以为此提供有效的解决方案，保证车辆信息交互的安全性。

具体操作流程是：通过利用区块链代码思维，用代码对车辆进行编码，并在编码的过程中充分利用区块链中数据无法篡改的特点保证数据的安全性。

AIcar是一款基于区块链的智能交通生态系统，该系统是基于智能交通数据大脑技术，利用车载智能终端让车主通过数据分享方式参与到项目当中，并通过区块链代码思维让每辆汽车都编程到智能合约当中。当车主在参与项目后将交通数据上传时，系统会自动为其发放奖励，所获得的奖励可以用来购买保险、保养、加油等服务。而参与项目的车主所分享的车辆行驶数据可以用于建设高精地图，为无人驾驶汽车提供更多的基础数据服务。与此同时，车险公司也可以借助这些数据进行精细化运营。

8.房地产领域

衣食住行是与人类生活息息相关的必要条件，尤其是住房，则是人类必要的生产、活动的场所。房地产是人类社会中最古老的行业。在远古时代，房产就以一种资产的形式存在，并且在人与人之间进行产权转移。如今，专业的房地产公司层出不穷，加速了房产资源的流转速度，但同时也存在诸多挑战，如房产数据获取困难、交易延迟、房产流转市场混乱等。

区块链技术、区块链思维与房地产领域相结合，则会成就一项伟大的事业，能改善房地产领域面临的难题，同时也带来无限商机。

借助区块链代码思维打造基于代码编程的智能合约，并将卖家、买家融入一个分散的网络当中，在这里所有的交易数据都是公开透明、不可篡改、可靠安全的。在执行合约的过程中，智能合约会定期对相关事件和触发条件进行检查，满足条件的事件将会推送到待验证的列中。当执行条件被成功验证，那么合约就会自动执行。

例如，卖家与买家约定，在买家将全部款项打入卖家账户时，卖家的房屋使用权和所有权则归买家所有。而买家打款到卖家账户，则是触发合约自动执行的条件，卖家的房屋产权证会自动归买家所有。

成功执行的合约，系统会将其自动移出区块，而没有执行的合约还会按照合约内容继续等待下一轮处理，直到整个合约全部执行完毕。在整个智能合约执行的过程中，所有的执行操作都是按照事先用代码编程的语言进行的，整个过程中，不会出现任何被恶意篡改合约的情况发生，能有效保证智能合约双方的有效权益，降低双方交易过程中可能出现的风险，也能节省由中间代理机构收取的服务费。

2018年6月7日，国内首个全国布局的房地产互联网企业——房掌柜，与IBM联手建设基于HyperLedger（超级账本项目）开源技术的数字房产区块链服务平台。

IBM是与HyperLedger最早联盟的成员之一，正在利用区块链服务、专业的经验以及洞察力与企业需求进行对接，从而重构商业场景，挖掘“链圈”的创新价值。

此次房掌柜与IBM联合，成立了“房云链”数字化资产联盟，通过将联盟成员的各个房企，基于区块链技术将不动产上链，包括与不动产相关的基础信息（从土地规划开始，到施工建造、合规销售，甚至到物业交付）。当不动产上链后，就会有更加丰富的应用场景，如新房交易、房屋装修、二手房交易、房屋出租等。通过区块链平台的房产档案，即可对房产的一切基础信息一目了然，从而保证交易的过程中实现流程简易化、减少欺诈、降低交易成本等，让每一个参与房屋使用权、所有权的参与者都能够在安全透明的基础上进行交易，这样就能大幅降低发生纠纷的可能性。

“房云链”数字化资产联盟的建立和运行模式，实际上是一种区块链自组织思维模式，可以优化房地产市场的整体发展方式，推动房地产交易规则的重建，更重构了中国房地产行业后服务领域的商业模式。

尽管当前房地产企业与区块链技术相结合蕴藏的商机已经显现，但区块链思维的应用还处于开发阶段，可以说谁先拥抱了新技术进行创新发展，谁就能在未来的市场竞争中获得巨大的竞争优势，谁就能借助区块链思维在其领域最大限度地掘金。

第七章

如何让
区块链思维落地执行

区块链被认为是当前最有潜力的核心技术，正在一步步地改变我们生存的这个世界。由区块链演化而来的区块链思维也必将从思想上带领人们加入区块链商业大军，让区块链思维在各领域的运行和发展过程中进行商业落地。

区块链思维“落地”加速产业发展

在过去几年里，互联网发展一路高歌猛进，互联网思维成为一种全新的创新思维模式，给许多传统行业带来了新的商业模式，如从传统的现金支付变为了线上支付，改变了长久以来人们的支付习惯；一种全新的O2O商业模式的出现，使得外卖的出现带火了餐饮业；共享单车、共享汽车便利了人们的交通出行……

纵观互联网落地的历程，不难发现：

第一代“吃螃蟹”的互联网应用企业，借助互联网传递信息成本低的优势崛起，催生了搜索、广告、社区等为代表的第一代互联网巨头企业，如百度、搜狐、新浪等。

第二代互联网应用企业开始利用互联网思维延展其自身特点，在有效提升交易效率的同时，也大幅降低了成本，在这个阶段线上支付、电商、打车软件等互联网企业油然而生，其代表有淘宝、支付宝、唯品会、滴滴等。

然而，互联网解决的其实只是信息传递的问题，并没有实现价值传递。而区块链技术则凭借其显著的特征能实现价值传递。信息传递和价值传递的区别在于：信息是允许被复制的，而价值的所有权是唯一的，所以价值的传递是需要一种不被篡改和多方信任的共识机制来确权和记账的。

现有的记账方式都是依赖于中心化的机构来进行的，如银行、支付宝等。基于这些中心化机构对交易双方进行资产确权。这种记账模式成本较高，要想实现低成本的点对点价值传递，就需要降低建立信任的成本。区块链恰好是以唯一性、去中心化、不被篡改等特点，为降低信任成本、实现点对点价值传递而生的。而且在区块链应用场景中，都会利用到它的技术特点和思维方式。

区块链的思维是以去中心化、多方共识机制、代币经济学为指导思想，使其人人参与、人人贡献价值，人人获得收益，从而构建新型生态级价值互联网。区块链思维是一种全新的思维体系，它改变了我们过去的固定认知，比如中央集权制管理思维变成中央监管人人自治思维。

正是基于这些特点，使得区块链思维方式能够解决某些行业中的痛点，并且重构商业模式。换句话说，区块链思维落地要服务于实体经济。这才是区块链思维的“落脚点”。

那么区块链思维如何落地实体经济呢?

1.要有真实的、有价值的应用场景

区块链思维能否落地，起决定性的因素有很多，其中关键的一点就是应用场景。只有找到相应的应用场景，区块链思维就能发挥其巨大的效用。然而，这还得从区块链本身的技术特性入手。区块链的分布式思维使得无需引入第三方中介机构，就可以提供去中心化、安全可靠的特性保证。需要注意的是，在区块链思维落地的过程中，要有真实的应用场景，场景大小并不是重点，而应用场景一定要有价值。

2.区块链思维能够解决痛点，而不是制造问题

当有了真实的应用场，并且找到了行业痛点，但这并不能保证区块链思维就能够真正地落地实体经济，并不能实现与实体经济的融合。因为最重要的一点就是要判断区块链思维有没有引导企业运营思维去有效解决原本的痛点问题。

在借助区块链思维解决实体经济痛点的过程中，再结合物联网设备的辅助，投资者可以在任何时间查询想要查询的数据，并且所查询的数据是实时的和动态的。这样，用户即使足不出户，都可以直接检测到区块链项目的进展情况。

利用区块链思维解决了以往难以解决的问题，再结合真实的应用场景之后，区块链思维落地实体经济也就成为一件水到渠成的事情。任何一种思维模式，只有真正能够落地，才能体现其蕴含的巨大价值。在区块链技术和区块链思维出现之前，很多行业中存在不少痛点和难点，这些往往在一定程度上阻碍了该行业的发展，而区块链思维的落地，实际上能从根本上加速各行业产业的发展。

解放思想，用“区块链思维”去解决现实问题

在过去，如果有人提到“互联网”“互联网思维”，人们可能一知半解。如今，“区块链”“区块链思维”的出现就像当初的“互联网”和“互联网思维”一样，人们在起初感觉一头雾水。

在蓦然回首时，我们会发现：如今，无论个人、企业，还是组织，都在积极拥抱互联网，而且在企业运营过程中都具备了互联网思维，都能从互联网思维中或多或少获得利益。事实上当时人们眼中被神话的互联网其实也没有我们想象的那样出神入化，只要我们能够解放思想，用互联网思维解决生产、生活中面临的各种问题，让互联网思维为我们所用，为我们创造出更多的价值，那么便体现出了互联网思维存在的价值和意义。

同样，当下区块链大火之际，区块链思维也被推上了舆论头条，但区块链和区块链思维当前的应用还处于初级阶段，没有形成一定的发展模式，大量的基础建设还有待进一步完善。但我们也应当持有一种开放的思想和态度去看待“区块链”和“区块链思维”，毕竟“区块链”和“区块链思维”应用下的一部分项目是非常受人欢迎的，也可以为各种行业创造

巨大的商机。

区块链被称为“信任机器”，那么区块链思维的最终目的自然也是在其应用场景中解决有关信任的问题。由于区块链思维能够应用的场景有很多，所以我们应当以当时看待互联网思维的眼光一样，解放思想，用“区块链思维”模式去共同解决诸多现实中存在的难题。

1.适用于解决跨境支付的难题

数字货币和法币的流通通道是非常有限的。

比如，泰达币（USDT）在各大交易所中使用时，有一个很大的问题，就是它是中心化的，却不是由区块链的方式发行的，而且其资产不具备透明性，所以很多账户资产变更都不具有透明性。另外泰达币的发行也不受监管。换句话说，无论发行多少泰达币，都没有人出来限制和管控。这样就给有的人留下了借助泰达币操控市场的机会：在泰达币价值上涨的时候就大肆买进，当泰达币价值降低的时候就可以拼命卖出。这种中心化、不受监管，并且对民众不负责任的机构发行泰达币，对整个货币市场来说无疑是个灾难。

所以我们急切需要一种透明的去中心化的货币来做全球资金交易的币种。这就需要一种去中心化的底层技术和思维模式，而区块链技术和区块链思维则恰好能解决这样的难题。

2.适用于解决中小微企业融资难的问题

在金融领域，中小微企业融资难题已经成了全球性的最大难题。对于大型银行来讲，是不愿意花费时间和大量融资资金来投资中小微企业的，因为中小微企业本身资金底子薄，抗风险能力差，一旦投资失败，则必然给银行带来极高的投资成本和损失。

但是如果能通过区块链思维建立起银行与中小微企业之间的去信任关系，那么银行就不必再对中小微企业有太多的疑虑，中小微企业自然也就能够顺利获得大型银行的融资。区块链思维在这个过程中其实对很多创新企业有极大的帮助。同时还能避免中介机构的参与，因为很多高利贷平台往往需要企业承担跑路的风险，再加上中间高利贷平台往往会向中小微企业收取很大一部分服务费，这对于中小微企业来讲，虽然借来了资金，却会变相地减少自身所得的利润，实在是不太划算。所以，区块链思维可以在一定程度上帮助中小微企业有效渡过融资难关。

3.适用于解决万物通证化难题

区块链技术本身可以确权，而区块链思维也包含了通证思维，不仅可以作为数字黄金，还可以给每个人一个编码来确认权利实现通证化。基于区块链的通证思维，每个人的时间、身份、信誉，以及每个人和粉丝互动的方法，都可以实现通证化。不但资产可以通证，人也可以通证。如共享经济，包括房屋共享、汽车共享等，都可以通过区块链通证思维方式来解决沟通的问题。

4.适用于解决中心化机构存在的问题

当前，很多机构、企业、组织等都是一种中心化管理、运营方式，这些中心化机构、企业、组织存在很多缺点，如效益不高、成本很高。而解决这些问题的方法就是区块链思维。如果中心化机构、企业、组织等做得很好，销量也没有太大的问题，那么就不需要区块链思维；如果这个中心化模式下效率低下，成本高，并且全世界还有大概一半的人没有使用金融服务，此时就可以借助区块链思维，将金融服务带到每家每户。

总之，我们应当解放思想，用开放的心态去拥抱区块链思维，用区块链思维为我们的社会生产、生活增添更多的色彩。区块链思维是一种实现多赢的思维，通过区块链思维，可以搭建信任的桥梁，使整个社会有更多的互信、互助。这才应当是区块链思维应有的价值和存在的意义。

完善区块链的生态配套设施

一场轰轰烈烈的拥抱区块链热潮如浪潮般席卷而来，裹挟着每一个热衷于区块链的人。人们围绕着区块链争论和探索，在很多人看来，区块链是人类的春天，是人类各领域发展崩盘的解药。然而，再好的技术，没有在场景中得以落地生根，终究不能称为一门好技术。

区块链由于其分布式特点，在无需单一信任主体参与的情况下，就可以实现点对点的互信和交易，这在人类历史上首次出现了全新的共识达成机制。这让区块链的巨大潜力得以一一呈现在人们的面前，并有潜力改变商业和组织未来的发展方向。

但是区块链本身又是一个十分昂贵的系统，冗余且难以扩展，在保证安全和去中心化的同时，其性能在发挥的过程中效率难以保证。这正是导致区块链当前难以在各领域中完全代替互联网，并成为主流技术的原因。因此，区块链走向大规模应用，除了缺少杀手级应用场景之外，更重要的障碍是区块链本身的基础设施还不完善、生态配套设施还没有得以建立，使其性能、扩展性、费用等都无法支撑大规模应用。

作为一种思维模式，同样只有落实到具体的应用中，能够给行业发展带来方向性指导，才能体现出其价值所在。然而，区块链思维基于区块链技术而来，要想实现全面落地，发挥其重要价值，没有完善的生态配套和基础设施做保障是很难实现的。

以区块链思维的游戏领域的发展为例。当前，区块链的生态配套设施仍然不完整，底层生态不太明朗，再加上区块链游戏周边工具及服务不完善，如区块链游戏中地址（即账户），任何游戏都需要钱包去支持其与区块链完成交易确认和信息获取。而当前绝大多数的钱包解决方案都是在网页端完成的，所以在支付、结算方面仍需等待更好的生态配套设施得以完善。否则很难吸引广大玩家参与进来，进而创造出更多的商机。

Ultrain超脑链社区群开展了一场“区块链思维+游戏”应用的线上分享活动。在活动过程中，游戏玩家数量直线上升，同时也蕴藏了巨大的商业机会。该应用从2017年12月以来，截至2018年6月，用户数量实现了数倍的增长，活跃用户数量达到了1.5万，创造的价值却是3125ETH（合约1000万人民币）/单日最高收入，可见用户所创造的经济价值是相当惊人的。

基于区块链思维的游戏领域，其生态配套设施从数字货币结算、道具的使用、基础规则、游戏上链运行四个方面进行完善，才能保证区块链思维的真正落地：

1.用Token（代币）直接支付，作为结算方式

在支付和计算方面，基于区块链思维的游戏采用一种全新的交易和结算方式，即用Token（代币）直接进行支付。一些项目的数字货币基于以太坊的ERC20（以太坊代币的子集）标准进行制作，且发行的Token很容易在玩家当中进行交换，并且可以兼容于不同的项目和平台。Token的持有者自主控制资产，并其流通路径可以在区块链中查询。

2.道具的去中介化交易

在基于区块链思维的游戏中，玩家可以拥有相应的资产，这些资产与现实中的货币相同，具有广泛意义上的流通性。传统游戏是以积分、道具、武器、角色作为整个游戏的全部内容，而这些都归开发商所有，所以开发商无异于是整个游戏的中心化权利拥有者，甚至可以对资产进行随意改动和处置。游戏内的资产仅限于这一游戏内使用，出了游戏便毫无价值，也从基础层面很难被再次赋予应用场景。

在区块链思维下，一旦游戏内的资产上链，这些积分、道具、角色等完全归属于玩家的区块链账户中，玩家对账户及其资产拥有所有权。这时候，玩家的资产可以实现随时随地交易，游戏资产可以实现跨游戏重复多次使用。

举个简单的例子。CryptoKitties（谜恋猫）是一款较简单的游戏，只有猫之间的繁殖和交易。在区块链思维下，游戏中单猫咪作为资产是以ERC721（以太坊代币的子集）的形式储存在链上的，挂在用户的账户下。该游戏中有三款衍生游戏，包括KittyHats、CryptoCuddles和KittyRace，这三款游戏的资产是可以通用的。用户只要在CryptoKitties中有猫咪，用同样的以太坊地址登录这三个游戏，他们都可以从区块链上直接读取到玩家，在CryptoKitties里的资产信息，玩家可以在CryptoCuddles用自己的猫咪与其他玩家战斗，在KittyRace里与其他挖你家的猫咪赛跑。这也就意味着，在这三个游戏中，游戏的角色通用了现象级游戏中的角色，但游戏中的角色又是各自独立的，这里的去中心化特点，显然是运用了区块链的分布式思维模式。

3.游戏基础规则上链运行

游戏中高级道具的产生、金币产出等游戏规则上链运行，游戏运营方将这些关键规则在区块链上通过区块链的代码思维进行编程，以智能合约的形式实现，在区块链浏览器的支持下，所有的规则对玩家都是公开的、透明的。

4.游戏整体上链运行

行业的最终状态就是运行状态，游戏通过代码思维在链环境中执行，并且在去中心化的区块链网络中存储数据，在这个场景下需要更加可信、高效、无延迟的基础设施用于游戏的运行。但目前，能够满足这些条件的基础设施还十分有限。

总而言之，当前已经有越来越多的区块链项目正在加大马力、集中目光，将资金投入基础设施的完善上来，以保证区块链思维能够真正落地。

第八章

未来将至，“赢”在区块链思维

区块链技术自2009年中本聪发明比特币诞生至今，经历了将近十年的准备期，在浩荡和起伏中一步步离我们越来越近。未来，区块链将成为一种重要的技术在各行业中发光发热，而区块链思维则成为一种全新的思维方式，成为各领域发展的“指路灯”。可以说，未来将至，“赢”在区块链思维。

区块链在未来的发展趋势

区块链作为一项底层技术成为比特币大火“背后的男人”，曾给各领域的发展带来了令人瞩目的前景。但比特币的发展现状也不禁让人提出这样的疑问：未来区块链的发展趋势如何？是逐渐走向毁灭，还是一路扶摇直上？

具体来讲，未来区块链的发展呈以下趋势：

趋势一：加速从金融领域向非金融领域渗透

区块链作为一种创新技术，就像当时的互联网演变为移动互联网一样，会在不断的发展过程中迭代更新。区块链技术本身是由多种技术组合而成的，包括P2P网络、加密技术、数据库技术、时间戳等。但区块链技术却是一种通用性技术，随着技术的不断迭代更新，以及应用场景的多元化，使得区块链技术的应用逐渐从金融领域向非金融领域延伸并渗透。可以预测，未来区块链的应用将通过两个方面的力量驱使前进：一方面是IT阵营，从信息共享着手，以低成本建立信用为核心，逐渐覆盖数字资产等与金融相关联的领域；另一方面加密货币阵营，该阵营从货币出发，逐渐向资产端管理，以及存证领域推进，并向征信和一般信息共享类应用领域延伸。

趋势二：企业成应用主战场，联盟链、私有链成主流

当前，区块链技术其应用的领域大多集中在数字货币领域，属于虚拟经济。随着区块链技术应用场景越来越丰富，其应用场景将逐渐从虚拟走向实体，更多的传统企业将成为区块链技术应用的“良田”，实现低成本、高效率的协作，从而激发实体经济的快速增长，所以未来一段时间内，实体企业将成为区块链应用的主战场。

另外，区块链有三种类型，分别是公有链、私有链、联盟链。与公有链（作为全世界任何人都可以读取、发送交易信息，并且对交易的有效性进行确认，任何人都能参与其共识过程的区块链）有所不同，在企业级应用中，大多数人所关注的焦点是区块链的管控、监管合规、性能等因素。所以，相比较而言，联盟链（由多个组织或机构通过联盟的形式组建的区块链）和私有链（与公有链相反，就是将区块链的范围进行了缩小，即参与的节点规模缩小，不再是任意某个人都可以随意访问区块链，而是只有特定的某些节点才拥有访问权）则与这种强管理的区块链部署模式更加吻合，更适合企业在应用落地中使用，是未来企业级应用的主流技术方向。

趋势三：跨链需求增多，互联互动性更加凸显

随着区块链技术的进一步优化，以及在各领域中应用的不断深化，支付结算、智能交通、版权维权、物流追溯、医疗病例、身份验证、公益慈善等领域都将建立起各自的区块链系统。相信，未来这些众多的区块链系统之间将会有跨界、跨链协作的趋势，届时必将实现真正意义上的互联互通。可以说，跨链技术是区块链实现价值互联网的关键，区块链的互联互通将成为未来越来越重要的发展方向和趋势。

趋势四：区块链与法律将进一步调和

区块链本身具有去中心化、去中介的特点，随着时间的推移，区块链技术也将在不断的迭代和更新中变得更加完善。未来，企业也将为了能够提升自身竞争力而积极迎合监管需求，在技术方案和模式设计上会主动融入区块链技术，这样不仅能够做到合规运作，还能大幅节约监管合规成本，更重要的是将法律的严肃性、强制性演绎得更加淋漓尽致。可以预见，未来全球的监管部门、法律部门也将拥抱区块链这项新的监管科技，用新科技提升政府监管效能。

趋势五：技术融合将拓展应用新空间

区块链能在一定程度上解决价值传输问题，并能保证价值传输的完整性、真实性、唯一性，降低价值传输的风险，提升传输效率，这一切优势能为企业发展开拓协作共赢的新局面。在这个基础上将催生大量创新合作场景，构建创新创业新生态。区块链技术在未来必定会引发新一轮创业创新浪潮，无论何种规模的公司，在融入区块链之后都将有全新的突破。

区块链与人工智能、物联网等技术相融合，将会开拓出一片新的创新创业热土。人工智能以海量数据为基础，在区块链技术的推动下，可以确保数据的安全性和可信度，更能打造出全新的应用场景，创造更加安全的智能学习环境。物联网最大的问题在于安全性难以得到保障，而安全问题的缺乏正好可以通过区块链技术来弥补。

由此可见，区块链技术与其他技术的融合将拓展应用新空间。

趋势六：开辟国际竞争新赛道

区块链能够实现信息互联网向价值互联网的转变，所以，当前很多国家正开始积极拥抱区块链，并由此掀起一场声势浩大的基础变革和产业变革。全球企业纷纷注入资本，全力开辟国际产业竞争新赛道，抢占新一轮产业的制高点，以在市场竞争中获胜。

据统计，目前全球有超过九成的政府正在规划区块链投资，并且该计划在2018年开始进入实质性阶段。

美国是区块链技术应用的前沿阵地，将区块链上升到了“变个性技术”阶段，成立了国会区块链决策委员会，不断完善与区块链相关的公告政策。

欧盟更是努力把欧洲打造成全球发展和投资区块链技术的领先地区，并建立“欧盟区块链观测站及论坛”机制，并为区块链项目的发展注入大量资金。预计到2020年将为区块链项目投入高达3.4亿欧元的资金。

韩国也开始将区块链上升为国家级战略，全力打造区块链生态系统，还推出看“I-Korea4.0区块链”战略，并计划在物流、能源等核心产业领域开展试点项目。

时代的发展是永无止境的，也是不可阻挡的，区块链凭借其自身独特的优势，从众多前沿性技术中脱颖而出，成为现阶段最让人兴奋的创新技术。然而，机遇从来不会给我们时间去犹豫和考虑，当机遇来临时，我们应当顺着时代潮流迎风而上，这样无论是企业、组织，还是国家，才能快速抓住创新技术，让自身的发展事半功倍。

用区块链思维做物联网

早期的互联网时代，为人们生活的诸多方面带来了便利，也使得人们进入了一个虚拟化数字时代。随着人工智能的出现，互联网时代逐渐向物联网时代演变，使得人类进入了一个虚实结合的世界。

然而，物联网和区块链的概念几乎在同一时期诞生，但两者一直以来都没有“擦出火花”，直至近两年，区块链和物联网之间才产生了一些联系，并且区块链技术与物联网技术相融合，将为人类社会带来革命性变化。

物联网（IoT，即Internet of Things）即是物物相连的互联网，是当前新一代信息技术的重要组成部分，也是信息化时代发展所经历的重要阶段。从本质上看，物联网一方面其核心和基础依然是互联网，另一方面，物联网的用户端延伸和扩展到了任何物品、任何人，实现了人与人之间、物与物之间、人与物之间的互联互通。

1.物联网运用难题

然而，当下，物联网在发展中，有一些比较棘手的难题：

（1）安全问题

安全问题包括设备安全方面和个人隐私安全方面。

①设备安全方面，设备中存储的数据信息被攻击，由此而造成设备无法访问。

Mirai可以说是一种世界上最大的僵尸网络。据统计，Mirai僵尸网络已经累积感染了超过200万台摄像机等设备，由其发起的DDoS（分布式拒绝服务）攻击，曾一度让美国于明加解析服务提供商Dyn瘫痪，使得知名社交网站Twitter，以及国际贸易支付平台Paypal等人气网站当时无法正常访问。

②个人隐私安全方面，主要是中心化的管理架构无法自证清白，以及个人隐私数据被泄露。

2017年7月，以名为“水滴直播”的网站，对成都266个摄像监控画面被直播，让摄像监控中被直播的个人隐私泄露得一览无余。

（2）架构僵化

目前，物联网的数据流都向一个单一的中心控制系统汇总，随着低功耗广域网络技术的不断渗透，可以预见到，未来物联网设备将以几何级数增长，届时，中心化服务的成本将居高不下。

（3）通信兼容问题

当前，全球物联网平台存在一个非常严重的问题，就是缺少统一的语言，这样，多个物联网设备之间进行通信的过程中会受到阻碍，并且会产生多个竞争性的标准和平台。

2.区块链思维为物联网发展带来的好处

区块链作为一个去中心化的数据库账本技术，区块链可以实现人与人、人与业务之间的无缝连接。而区块链思维则基于区块链技术的相关核心特点攻破物联网运用过程中出现的诸多问题。所以我们可以用区块链思维做物联网。

那么区块链思维能够为物联网的发展带来哪些好处呢？

（1）降低成本

区块链思维模式下，服务器可以以分布式实现去中心化，通过点对点直接互联的方式来传输数据，而不是通过中央处理器，这样分布式的计算就可以处理数以亿计的交易，能有效降低数据处理过程中计算和存储成本。

（2）隐私保护

基于区块链的分布式思维，所有设备之间都是平等的。另外，在共识思维的基础上使得设备之间保持共识，即便一个设备或多个设备被攻破，但整体网络体系的数据依然是安全的、可信赖的。

（3）身份鉴权

区块链思维模式下的验证和共识机制能够帮助用户避免非法甚至恶意节点接入物联网，同时还能对用户的身份通过通证化的方式进行鉴定。

（4）跨主体协作

区块链思维下的分布式对等结构和公开透明的算法，使得构建信任的成本有所降低，并且能够打破信息孤岛的桎梏，促进信息横向流动和多方协作，从而使得跨主体之间的协作变得更加紧密，形成共赢的局面。

（5）可证可溯

基于区块链思维，可以用代码编程的方式将共识写入区块链当中，这样数据就难以篡改，还能够通过链式结构追本溯源，实现物联网数据的可证与可溯。

玖品醇在应用区块链技术方面还有更大的突破。玖品醇为了可以让消费者饮用得安心和放心，用区块链技术为人类造福，方丽菲老师带领玖品醇区块链团队，还分阶段打造红酒产业链、物流链、商超链，将区块链技术用于商品追溯和流通监测，以及改善产品防伪问题。

1.商品追踪

玖品醇从红酒的源头抓起，葡萄的产地是西班牙和阿根廷，并且用一定的技术保证葡萄的湿度和温度，确保红酒原料新鲜、无污染、无昆虫病害等。从产地采摘葡萄的所有经手人、采摘时间等都可以通过区块链实现正向及逆向的配料追溯，消费者可以在区块链上明确洞悉配料环节因人工操作失误而产生的一系列行为，如错配、漏配、多配、批次混乱等，确保到了消费者手中的商品在质量上更有保证。

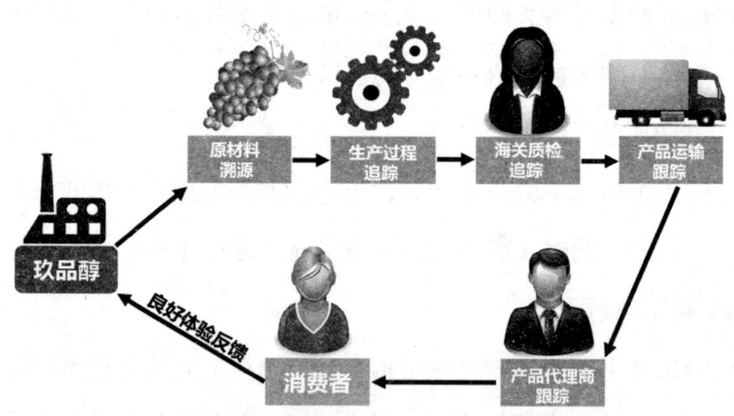

玖品醇运用区块链技术进行产品追溯

2.流通监测

玖品醇红酒的生产操作都是按照配料工艺标准执行，生产过程中的酿造师、酿造时间、装瓶时间、装瓶经手人、包装经手人也都记录在区块链上，保证每个环节都有据可查。每件产品都是经过保险公司、海关、码头运营商、货运代理、承运人等盖章签字之后，才能运送到航空运输港口直至目的地。这样就能保证产品在流通过程中可以借助区块链进行有效监测。

3.改善产品防伪问题

红酒的所有制造、运输、经销环节，都能作为供应链节点在区块链上进行记录。这意味着，在红酒从源头的材料配备到最后进入消费者手中的每个步骤，区块链网络都能证明红酒的产地和真实性，从而使得红酒以假乱真变得异常困难，同时还能保护玖品醇的核心配方机密不被泄露。

玖品醇真正把区块链溯源技术应用于实体经济，解决进口红酒的乱象，实现安全、健康品酒，打造了生态产业链闭环系统。

（6）网络运行机制高效化、智能化

基于区块链的分布式思维和共识思维，物联网上跨系统之间进行的数据传输将在整个区块链上进行，这样能够大幅降低应用系统的复杂性。物联网也将由IoT（Internet of Thing）时代演进到CoT（Chain of Thing，物联网公链）时代，从而打造出一个全新的链上世界。

3.区块链思维+物联网的应用

（1）打破供应链管理过程中的监管弊端

对于制造业而言，如果说价值的实现从0到1是靠产品的研发，那么价值从1到N，靠的就是供应链。好的供应链管理能够降低产品和运营成本，保证出货速度的前提下才能提升企业的核心竞争力。但是，当前随着全球化分工日益深化，现代企业的供应链变得十分冗长，由此出现了零碎化、复杂化、地理分散化的特点，这对于供应链的监管者或管理者来讲，不是一件易事。

但如果用区块链思维去运营，整个基于物联网的供应链上所产生的数据人人可见，尤其是运输环节，每个环节都可以看到实时货物运输信息，能够实现对货物运输的跟踪，保证货物的安全性和可靠性。与此同时，还可以有效提升监管力度。

以船舶运输为例。传统的基于物联网的供应链运输过程中，往往需要多个主体共同参与，其中包括发货人、承运人、货代、船代、堆场、船务公司陆运公司，以及做仓单抵押融资的银行。然而，这些主体之间的信息系统是彼此独立的，系统与系统之间是互不相通的。这样，在运输过程中就会出现数据伪造的问题，从而不能保证发货人发出的货物和收货人收到的货物是相同和一致的，并且在整个运输过程中，如果有货不对板的情况，也不能确定是哪个环节被做了手脚。

将区块链思维融入其中，可以将供应链上的各个主体以自组织的方式部署在区块链上，并成为一个个独立的节点，通过实时（如实时船舶靠岸情况）和离线（如船舶在远海的运输情况）等方式，将传感器（物联网生态系统中的一部分）收集的数据写入区块链，成为无法篡改的电子数据，并且每个主体都拥有一份相同的电子数据，各个主体之间相互监督，任何主体都难以实现抵赖行为。因为这样的抵赖和造假行为成本实在是太高，得不偿失。

（2）衍生新型“共享”经济

共享经济本身是平台经济衍生出来的一种经济形式，同时也是物联网爆发、实现万物互联的产物。在传统共享经济平台上，平台具有依赖性和兴趣导向性。

以摩拜单车和OFO为例，都是在做单车共享，却并没有做摩托车共享。

另一方面，传统共享平台会收取一定的服务费。

例如，滴滴打车司机要向平台上交打车费用的20%作为服务费。

然而借助区块链思维，可以改变传统共享经济的运营模式，并构建出一种新型“共享”经济。在这种新型“共享”经济下，资产拥有者基于代码编程的智能合约，通过设置租金、押金和相关规则，完成各类共享单车车锁与资产绑定。用户借助App支付给资产所有者相应的租金和押金，获得开锁的控制权限，即密钥，进而获得资产的使用权。在单车使用结束后，用户归还物品，此时根据代码编程的规则，用户之前支付的押金自动退回到其账户中。在整个单车共享的过程中，对于需求方来讲，计费是十分精准的，可以按照智能合约上的计费标准进行实时精准付费，而不需要像当前共享单车的粗犷式收费（按半小时、一小时收费，超出半小时按一小时计算；超出一小时按一个半小时或两个小时计算收费）。同时，对于供应方来讲，还能节省20%的服务费。

Slock.it和OpenBazaar两个初创公司目前都在致力于借助区块链思维构建一个普适的共享平台，通过分布式思维让供需双方直接进行点对点的交易，这样无需经过中间机构介入，能够节省交易时间，加速各类闲置商品的直接共享，并能省去第三方的服务费。

（3）实现无人机的安全通行和群体智能

未来，随着人工智能的快速发展，无人机和机器人也将在人类社会中得以普及，机器与机器之间的通信必须通过两个方面实现：

一方面，每个无人机都内置了硬件密钥。私钥衍生的身份增强了身份鉴权，基于数字签名的通信确保了机器与机器之间交互的安全性，阻止了信息伪造以及非法设备的接入。

另一方面，基于区块链的共识思维，未来区块链与人工智能的结合，将实现群体智能，届时人类社会的发展充满了无限的想象空间，同时也给人类生活、生产、工作带来了无可比拟的便捷。

总而言之，区块链思维应用于物联网中，是对物联网运行的一种优化。如果能够在生产、生活中全面推进区块链思维和物联网、云计算、大数据等前沿技术的交叉创新，无疑能够为人类赖以生存和生活的各领域的发展添砖加瓦。

用区块链思维做互联网运营

互联网的出现给传统行业带来了新一轮的洗礼，人们的衣食住行、财富人脉的积累都依赖于互联网，由此使得互联网推动了人类社会社交和商业的发展车轮，使得渠道变现、面向生态成为互联网时代人们眼中的焦点。与此同时，交付流量模式成为基于互联网的商业核心价值。那些优秀的互联网企业成为连接社会信息和资源的媒介，商业效率的提升，带来了巨额盈利。

区块链的诞生，使得很多投资互联网的人开始变得十分焦虑，因为之前在互联网领域的投资，打造的O2O模式、B2C模式等在经过一段尝试和完善期后，方见成效，获得回报。如今区块链出现后，有一种说法叫“币圈一天，互联网十年”，简单解释就是有一些人借助区块链在一天里挣的钱就可能超过你在互联网时代十年挣到的钱。这也正是早期在互联网时代的投资者所焦虑的，一方面担心前期在互联网的投资没有实现预期盈利；另一方面又担心将发展方向转向区块链技术的试水，能否真正获得巨大商机。

其实，投资者的担心是完全可以化解的，从之前的区块链思维和互联网思维优劣势对比来看，区块链思维的确更胜一筹，而关键是要明白互联网的最大痛点是什么、区块链思维究竟如何改变了互联网思维，更重要的是如何用区块链思维做互联网运营。

1.当前的互联网痛点：无法低成本解决“信任传递”的问题

我们可以将互联网的发展划分为三个阶段：

第一阶段——互联网1.0：该阶段是由PC互联网、移动互联网所控制的信息互联网。

第二阶段——互联网2.0：该阶段是由物联网、人工智能所控制的物体互联网。

第三阶段——互联网3.0：该阶段是由区块链所控制的价值互联网。

当前，互联网的发展阶段正处于2.0阶段，然而该阶段正在遭遇信任危机，面临发展瓶颈。纵观当前的互联网应用，无论是即时通信、社交网络、媒体运营，还是电子商务、公共服务，其特点都十分明显，即拥有一个清一色的超大规模应用中心。

所有的这些应用中心，都已经在应用的过程中演变为了一个单一、庞大的权力集中中心。并且每个中心都有自己独立的用户认证、账号管理、用户交易数据管理等系统，虽然这些中心相互独立，而它们之间的关系却是因为利益问题而相互为敌。每个中心都希望自己成为庞大用户规模的占有者，成为用户数据的垄断者，希望自己在商业竞争中成为“霸主”。

但这样的权利中心模式也存在一个极大的痛点，就是无法自证清白，无法有效解决互联网面临的信任危机问题。

举个简单的例子。A通过某即时通信平台向B发送了一条信息，但A根本无法证明自己发送到B的信息在时间和内容上都与自己发出时的能够保持一致，除非B愿意配合提供准确的记录；而B同时也无法证明A发过来的信息在时间和内容上都没有经过他人篡改。即使引入第三方监管人C去监管，A和B也要承担C无法如实提供精准数据的风险。

其实，所谓的“信任的传递”，就是自证清白。然而，如何才能自证清白，这是人类社会中一个非常古老的痛点。如果将A与B自证清白的事情放在我们当前的日常生活中，整个过程是这样的：

A提交自己对事件的详细描述，包括相关人证、物证等相关证据。B首先对A的自述进行主观分析，然后还要启动外调程序，就是指派专人去对A所讲述的情况进行核实。B基于自己的分析和核实结果，对A所称述内容的真伪性进行辨别，并得出结论。然而，B对A的自述进行核实的过程是十分耗时的，且不能保证核实过程中不会有漏洞。B也没办法保证指派的专人能公正办事。

具体举例：A要更换一台新手机，第一次登录微信时需要进行账号验证。当A输账号和密码后，系统就会向A的好友B的手机发送一个验证码，当A输入正确的验证码后，A才可以被允许登陆新手机。

显然，在这个过程中，B扮演了一次身份外调的角色，而A的手机运营商则在该过程中充当了中间第三方证人。虽然这种方法简单、快捷、低成本，但也是很不安全的。

2.区块链思维改变了互联网思维：近乎量成本解决“信任传递”难题

区块链思维的核心是：人人审核、人人见证、共同分享但不可篡改。

举个简单的例子。在区块链网络中，A要向B证明自己的月支出为10000元。假设有一个区块链网络，网络中包含了诸多节点，如购物商超、相关银行、支付宝、公交卡充值机构、中国移动公司、房地产公司等。A向B提交了一个记录，表明自己月开销10000元，并且还提供了相关佐证：如商超购物票据、银行支付记录、支付宝支付记录、公交卡充值记录、中国移动花费充值记录、房地产月供单据等。之后，A与B双方签字后，将这些记录交至区块链网络审核。所有的网络参与者对A和B的身份进行验证，参与审核的多方机构盖章进行核实。最后通过大家投票确定审核结果。如果审核通过，那么A就成功证明自己的月支出为10000元，而B也同时验证了A的陈述是真实的。

显然，在整个过程中，一个人人参与的、多中心的信任体系呈现在我们面前，并在此基础上建立了信任关系，实现可信任的数据共享。而区块链思维改变了互联网思维模式下自证清白的方式和方法。再加上区块链在信息传递时的吞吐量远超过互联网，所以可以说，借助区块链思维部署和运营区块链网络实现信任传递的过程中，其费用要比基于互联网思维模式所产生的费用低很多，实现了近乎零成本解决“信任传递”难题。

3.用区块链思维做互联网运营

既然区块链思维与互联网思维相比，具有很多优势，在解决互联网难以解决的“低成本信任传递”问题后，我们何不用区块链思维做互联网运营？此处列举几个用区块链思维做互联网运营的领域。

（1）自媒体+区块链思维

当前，有不少区块链自媒体内容平台，且每个平台的特色也都各有千秋，其共同的特点就是为创作者、技术大咖、区块链项目方等提供一个内容交流的平台。事实上，这些平台很多时候还是会用到中心化的互联网技术，所以，其还留有一些互联网中心化垄断的影子。但是，这些平台在推出时就具备了区块链思维，所以平台的商业模式就有了极大的改观。这样，基于区块链思维的自媒体内容平台上所有的行为都是借助代码事先编程而成的规则和算法，只要有付出就有回报，如点赞、评论等。这与传统的互联网自媒体相比，给创作者和读者带来了福音。

（2）电子商务+区块链思维

传统电子商务实际上是将线下的生意搬到了线上，在融入区块链思维之后，人们消费后评价可以赚钱、卖家服务态度和快递服务态度也可以赚钱。在原有的互联网技术构建的电子商务平台上，加入区块链思维，一切都将变得美好。而消费者评价赚钱、卖家服务态度赚钱、快递服务态度赚钱，实际上与比特币“挖矿”的过程类似，这里可以称为“交易挖矿”。所以这里的“交易挖矿”已经不仅限于数字货币的交易挖矿。

总之，区块链产业欣欣向荣，将区块链思维嫁接于互联网产业之上，用区块链思维做互联网运营，可以说是站在了“互联网巨人的肩膀上”，能够解决互联网难以解决的“低成本信任传递”问题，同时帮助互联网产业走得更远。未来，用区块链思维做互联网运营在实践中能走多远，我们拭目以待。

用区块链思维改造传统行业

区块链本质上是一个分布式数据账本，对全球的数字资产交易信息能够自动记录和进行自动验证。由于去中心化、信息公开透明、可追溯、可验证，使得区块链天生具备抵抗欺诈的能力。

区块链思维继承了区块链技术的特点和优势，能够实现低成本的信任传递，其要做的就是直接“干掉中介”。这对于传统行业来讲，看似受到了区块链的重创，实则是受到了区块链的良性改造，让传统行业以全新的商业面貌迎来更多的商机。

1.区块链思维重建银行业的底层系统

银行作为区块链的“根据地”，应当是变革的开始。银行的本质是资金流转的仓库和流通的一站。区块链的分布式思维不仅能够让交易双方平等交易，还能大幅提升金融业务的精准性，提高信息传输的效率。

当前，瑞银（UBS）和巴克莱（Barclays）作为两家全球顶尖级银行，正在积极试水区块链，并试图用区块链分布式思维提高后台的管理效率和资金结算速度。据业内人士的粗略估计，这一试水举措，至少可以减少

200亿美元的中间成本。

在巴克莱、瑞士信贷、比利时联合银行、汤森路透等合作伙伴的帮助下，瑞银打造了自主分布式和解平台Madrec，并希望借助该平台让银行在协调交易对手的海量数据时能够更加方便、快捷。

2.打造“社交平台+数字经济”生态圈

传统的微信、QQ等社交平台是一种典型的中心化平台。然而，目前微信、QQ开始构建基于区块链思维的网络开放平台，将其基础的社交服务从原来的在线交友聊天逐渐进行拓展，在支付、文件存储等方面进行全面改造，从而打造出一个社交平台与数字经济相结合的生态圈。

日本一家名为Line的知名通讯巨头作为传统行业中的一员，正在全面进军区块链领域。2018年4月，LINE还专门成立了一家名为Unblock的子公司，专注于区块链思维的应用及其潜在应用场景的研究，并计划把区块链技术融入LINE平台。同年7月，LINE旗下的数字资产交易平台Bitbox宣布正式营业，通过15种语言版本满足30多种主流的数字资产交易需求。

LINE的这些举措，显然表明其正在借助区块链思维积极打造一个集社交平台和数字经济为一体的金融生态圈。

3.选举趋于透明化

传统的选举从选民身份登记、选票记录统计，再到选举结果公示，任何一个环节出现问题都需要重新考量。

基于区块链思维的选举，在选举认证、过程追踪、票数统计的每个环节，都能从根本上保证不会存在人为营私舞弊的可能性。利用区块链思维，选票成了一种痛症，选举过程可以看作是区块链上进行的交易，选举的全过程都是可以被追踪的。任何选举记录都是可以被验证的，选举票数无法随意增删，这样就能有效提升选举的公信力。

4.互联网广告投放更具精准性

互联网的出现，使得广告投放方式也发生了改变。基于网络的广告位网页加载带来了大量的流量负荷，广告主的投放结果却往往差强人意，而用户也时常抱怨广告骚扰而带来的不满。

然而，利用区块链思维可以很好地解决广告主和用户之间的双重困扰。

以区块链创业公司Brave为例。Brave公司研发了一款基于区块链的浏览器，并发行了名为“Basic Attention”的代币，用来补偿广告主和用户。这里与比特币“挖矿”，“矿工”获得相应比特币作为奖励类似。

这样，广告主就再也不需要去社交平台（如Facebook）或者搜索网站（百度）这样的传统渠道去投放广告，只需要在浏览器上就能直接投放。这样做不但广告投放后的宣传效果极佳，用户也能避免恶意广告的骚扰。

总而言之，区块链思维能够全面改造传统行业，所以其应用场景也越来越丰富，更容易受到各领域企业的拥戴和追捧。传统企业只有顺应时代发展的趋势，加入区块链变革行列，善于运用区块链思维，才能跟上时代的步伐，引领这个时代。